Stefan Behr
Kleinstadt des Verbrechens – Frankfurt

Stefan Behr

Kleinstadt des Verbrechens

Frankfurt

SOCIETÄTS
VERLAG

Alle Rechte vorbehalten • Societäts-Verlag
© 2015 Frankfurter Societäts-Medien GmbH
Satz: Julia Desch, Societäts-Verlag
Umschlaggestaltung: Julia Desch, Societäts-Verlag
Druck und Verarbeitung: CPI – Ebner & Spiegel, Ulm
Printed in Germany 2015

ISBN 978-3-95542-146-5

Inhalt

Vorwort

Bei Gericht ist es mitunter zutiefst grausig. Meist allerdings ganz lustig. In seltenen Momenten gehen Grauen und Komik Hand in Hand. Das sind die großen Momente, in denen Sätze für die Ewigkeit entstehen. Als Beispiel sei der Vorsitzende Richter am Frankfurter Landgericht genannt, der den Prozess gegen den „Kannibalen von Rotenburg" führte. Der Menschenfresser hatte einen anderen Mann, den er auf einer Fetisch-Plattform im Internet kennengelernt hatte, mit dessen Einverständnis getötet und verspeist. Die Tat war auf Video dokumentiert, es war wohl einer der für das Publikum nervenzerfetzendsten Fälle, die das Landgericht je verhandelt hat. Aber den Richter, einen harten Hund der alten Schule, packte dennoch mitten in der Beweisaufnahme wohl ein leichtes Hungergefühl, und mit Blick auf die Armbanduhr sprach er den legendären Satz: „Wir machen jetzt noch weiter bis zur Penisamputation – und dann machen wir Mittag."

Der Schrecken des Kannibalen hat sich längst verflüchtigt. Der Satz aber schwebt nach wie vor in singulärer Schönheit durch die Flure der Frankfurter Justiz und ersetzt zuweilen das landläufige „Mahlzeit".

In einer ähnlichen Liga kickt wohl auch die resolute Gerichtsdienerin, die in einem Mordprozess gegen ein Mitglied des Rockerclubs Hells Angels die Saiten ultrahart aufzog. Der Rocker hatte einen Türsteher, der ihn nicht in die Disco reinlassen wollte, erstochen. Doch auch große starke Rocker müssen mal für kleine Jungs, und als den Angeklagten während einer Verhandlungspause das menschliche Bedürfnis überkam, wurde er mit Handschellen von zwei Justizwachtmeistern zum Abort eskortiert – und fand dessen Tür wegen Renovierung verschlossen. Der Gang zur nächsthöheren Instanz wurde dem Bedürftigen durch die Gerichtsdienerin verwehrt. Den Einwand der Wachtmeister, dass der arme Kerl nun mal dringend müsse, konterte sie mit dem Argument: „Das hätte er sich überlegen sollen, bevor er einen absticht." Erneut war eine goldene Regel der Frankfurter Justiz geboren.

Mehr frommer Wunsch als gängige Praxis hingegen ist die „Lex Otto", die gerichtsprotokolierte Aussage eines zitatesprudelnden Greises, der auf Seite 59 noch einmal sein Unwesen treiben wird. Der stand mit mehr als 80 Lenzen auf dem Buckel einmal mehr vor dem Kadi, weil er einen anderen Mann beleidigt und mit nur einem Fausthieb zu Boden gestreckt hatte, der sich darüber echauffiert hatte, dass der Rentner mit seinem Cadillac falschrum die Einbahnstraße entlanggefahren war. Den Faustschlag bedaure er, beteuerte er auf der Anklagebank, nicht aber die Beleidigung. „Herr Richter, es muss in einem Rechtsstaat doch möglich sein, ein Arschloch ein Arschloch zu nennen!", rief Otto ins Leere, denn der Richter beschied ihm, dass dem nicht so sei und verurteilte ihn wegen Körperverletzung und Beleidigung. Der Legende tat das keinen Abbruch.

Ebenso ungewollt unsterblich wurde das eigentlich bedauernswerte Opfer einer besonders skurrilen Körperverletzung. Seine eher zierliche Ehefrau hatte den stattlichen Kerbeburschen, Feuerwehrmann und Modelleisenbahner über Monate gequält, indem sie ihm Sinnsprüche und Verhaltensempfehlungen mit einer Heißklebepistole auf den Leib tätowiert hatte. Der Richter, dem solcherlei Rituale eher befremdlich erschienen, konnte es kaum fassen. Warum er sich denn nicht gewehrt habe, wollte er von dem Opfer und Zeugen wissen. „Weil sie mich dann noch mehr gequält hätte", lautete die Antwort des Mannes. Aber er sei doch ein großer, starker Mann, er hätte doch etwas tun können und müssen. Habe er ja auch, sagte der Mann – „ich habe in mein Kissen geweint". Um dann noch einmal den Lauf der Dinge aus seiner ganz persönlichen Weltsicht heraus zusammenzufassen: „Normal ist es ja, dass der Mann die Frau schlägt. Bei uns war's eben annersrum."

Natürlich ist es nicht komisch, wenn Männer Frauen schlagen, genausowenig wie umgekehrt. Aber mit dem Gerichtsprozess verhält es sich ähnlich wie mit David-Lynch-Filmen: Sie zeigen uns, dass hinter der bürgerlichen Fassade das Grauen steckt. Manchmal in schockierend realistischer, oft aber auch in dermaßen überzeichneter Form, dass es schon wieder Laune machen kann. Dieses Buch soll kein repräsentativer Querschnitt von mehr als einem Jahrzehnt Berichterstattung aus den Frankfurter Gerichtssälen sein. Es sind die kleinen Prozesse, die es vielleicht gerade mal in die Tageszeitung schaffen, aber eine Woche später aus dem kollektiven Gedächtnis gelöscht sind, die einem als Chronisten am meisten im Gedächtnis haften bleiben. Und sie sind es auch, die tägliche Arbeit dominieren. Mord und Totschlag sind auch in Frankfurt die Ausnahme. In Wirtschaftsstrafsachen, das muss der Neid uns lassen, hat diese Stadt die Nase weit vorn. Aber das ist zumeist eine furztrockene Materie.

Frankfurt wird oft „Hauptstadt des Verbrechens", eine Bezeichnung, die genauso falsch und doof ist wie der Titel „Main-Metropole". Frankfurt liegt zwar am Main, wer aber eine Metropole will, am Ende noch eine Verbrechens-Metropole, der soll gefälligst nach New York oder Moskau fliegen. Frankfurt ist ein groß gewordenes Konglomerat aus von Stadtluft angezogenen hessischen Landeiern und Bankern, die es nicht ganz bis nach London geschafft haben, aber solvent genug sind, den Mietspiegel zu versauen. Kurz gesagt: Der ideale Humus aus Spießbürgerlichkeit, Großmannsgetue und aus Not geborener Prekariatskriminalität, in dem Fälle wie die folgenden prächtig gedeihen können.

Wobei nicht das Geringste gegen Frankfurt gesagt sein soll. Man kann dem ruppigen Charme und der Bauernschläue dieser Stadt durchaus verfallen und sie lieben lernen. Und nirgendwo ist der Job eines Gerichtsreporters so interessant und facettenreich wie in diesem beschaulichen Mainstädtchen. Und das sagt einer, der aus Offenbach kommt!

Aura macht Aua

Die Staatsanwaltschaft sieht das so: Im Oktober 2012 klaute die Historikerin im Sachsenhäuser Bio-Supermarkt wie ein Rabe – Kosmetika, Duftspray, Dinkelstollen, Granatapfelsaft und biodynamisches Allerlei im Gesamtwert von 313 Euro und 98 Cent. Als die Verkäuferin sie festhalten wollte, haute sie ihr auf den Arm. Diebstahl mit Körperverletzung könnte man das nennen, und die Staatsanwaltschaft tut ebendieses. Aber wer glaubt, Ladendiebstahl sei dermaßen profan, der kennt die Historikerin schlecht.

Die Historikerin trägt vor dem Amtsgericht ein Kostüm mit Spitzenkragen und einen Doppelnamen. „Heute ist der schwärzeste Tag in meinem Leben", sagt die 62-Jährige, aber der damals im Oktober 2012 war auch nicht sonderlich helle. Jetzt muss man wissen, dass die Historikerin nicht immer Historikerin war. Früher nämlich war die nach eigenen Angaben studierte Soziologin und Diplomdesignerin mal Kommunikationsberaterin. So habe sie etwa irgendwann mal den „europaweit größten Zuckerhersteller" beraten – seit dieser leidvollen Erfahrung habe sie Süßes aus ihrem Speiseplan gestrichen und kaufe nur noch in Bio-Supermärkten, „man kriegt ja sonst keine Frischware mehr". Sie habe aber auch die Deutsche Bahn mal kommunikationsberaten und anschließend ihr Auto abgeschafft.

Jedenfalls beschloss die Historikerin vor nunmehr 13 Jahren, „das Vermächtnis meines Vaters zu erfüllen" und Historikerin zu werden. Was zumindest monetär kein Thema gewesen sei, da sie früher so klotzig verdient habe, dass sie heute von 3.000 Euro Zinsen im Monat leben könne. Seitdem laboriere sie an ihrer Dissertation, aber am Abend vor dem Vorfall, da sei ihr der Computer abgestürzt. Der Doktor futsch, das Vermächtnis perdu, da könne man schon mal hibbelig im Geiste werden.

Zudem, sagt die Historikerin, arbeitete sie nebenher „seit Jahren ehrenamtlich mit Senioren und Jugendlichen". Zu dieser Arbeit zählt offenkundig auch Vergnügen, denn in jenem düsteren Oktober habe sie mit ihrer Klientel eine Halloween-Party feiern wollen, „da hatte ich auch schon die Choreografie im Kopf". Also habe sie in ihrem Heimatstadtteil Bockenheim alles gekauft, was man für eine zünftige Halloween-Party braucht, etwa Augencreme und Bio-Dinkelstollen. Später, in Sachsenhausen, sei ihr dann siedend heiß eingefallen, dass sie die Bio-Kekse vergessen habe, und da sei sie eben noch mal fix in den Bio-Supermarkt gehüpft. Und ja, es könne sein, dass sie die Kekse im Eifer des Gefechts in ihre Tasche gesteckt habe, zu den anderen Käufen, die sie aber zuvor ordnungsgemäß in Bockenheim erworben habe.

Und dann sei da diese Verkäuferin gekommen „und in meine Körperebene getreten". Und wie das mit Ebenen so ist: Schnell sei die Situation von der „Sprachebene" auf die „Körperaffektebene" gewechselt, und da habe sie die Verkäuferin vielleicht mal ganz leicht am Arm gestreift. Denn eigentlich sei sie strikt gegen Gewalt und eine überzeugte Anhängerin radikalpazifistischer Thesen: „Ich habe meinen Klienten sogar immer gewaltfreie Kommunikation empfohlen." Und überhaupt sei sie erfüllt von einer „Grundehrlichkeit", manchmal vielleicht getrübt durch „geistigen Hochmut und eine gewisse innere Arroganz", die sich „aus meiner Intellektualität" generiere und so weiter und so fort.

Das ist, in Kurzform, die Geschichte der Historikerin. Die der Verkäuferin geht so: „Die Kundin war komisch." Und hat geklaut wie ein Rabe. Das Amtsgericht folgt eher der Version der Verkäuferin. Die Historikerin wird zu einer Geldstrafe von 60 Tagessätzen à 100 Euro verurteilt. Sie werde „das Urteil innerlich akzeptieren", hatte die Historikerin schon zu Prozessbeginn dem Gericht versprochen. Am Ende tut sie es auch äußerlich, was heißt, dass sie das Urteil auf allen Ebenen akzeptiert. Jedenfalls wird es ihr nicht langweilig werden, denn jetzt hat sie wieder Zeit für ihre Dissertation, die nach dem Computerabsturz und dem anderen Trubel doch etwas auf Eis lag, und dann klappt es vielleicht doch noch mit dem Vermächtnis. Und außerdem ist ja bald wieder Halloween.

Islam, Sport & Kochen

Am 13. Februar 2012 kam Keramat G. seinem himmlischen Vater näher als geplant. Der 26-Jährige mixte in seiner Höchster Studentenbude zusammen, was man so für den Heiligen Krieg alles braucht: Feuerwerkskörper, Leuchtkugeln, in Handarbeit abgerubbelte Zündköpfe Tausender Streichhölzer.

Leider ließ Keramat G. dabei die gottgefällige Sorgfalt vermissen, zu der selbst die Macher des Internet-Artikels „Make a bomb in the kitchen of your mom" („Bastele eine Bombe in Mamas Küche") ausdrücklich raten. Er mischte den Sprengstoff im Küchenmixer, der Sprengstoff tat das, wozu Sprengstoffe im Küchenmixer neigen. Keramat G.s Zimmerdecke – das Landeskriminalamt hat nachgemessen – lupfte sich um stolze fünf Zentimeter, und G. landete mit schweren Verbrennungen an Gesicht und Händen im Krankenhaus.

Damit ist der ehemalige Maschinenbau-Student beinahe staatlich anerkannter Dschihadist. Für den letzten Schliff könnte das Landgericht sorgen, vor dem sich Keramat G. jetzt wegen Vorbereitung einer schweren staatsgefährdenden Gewalttat verantworten muss. Da ist er selbst dran schuld.

Denn in seiner ersten Vernehmung, noch auf der Intensivstation, da hatte Keramat G. den Beamten noch erklärt, dass er sich im Heiligen Krieg befände. Weil er sich ärgere, dass über Muslime so schlecht und bösartig in den Medien berichtet werde, dass jeder gläubige Muslim – und das sei er, inschallah – mit

Bombenbastlern in einen Topf geworfen werde. Gegen solche Denke habe er ein Zeichen setzen wollen, und zwar ein unüberhörbares.

Heute klingt sein Motiv nicht unbedingt logischer. Nur anders. Keramat G.s Verteidiger – er hat dero drei – pochen darauf, dass das unter folterähnlichen Bedingungen abgepresste Geständnis nicht verwendet werden dürfe. Schließlich sei der Schwerverletzte viereinhalb Stunden vernommen worden. „Sehr streng" seien die Beamten gewesen, erinnert sich der Angeklagte, er habe sich „vorverurteilt" gefühlt und sei „mit der Gesamtsituation" unzufrieden gewesen.

In Wahrheit habe er sich zwar schon über die Berichterstattung der Medien geärgert. Und vor lauter Ärger mal ins „Inspire", das interessante Internetmagazin der Al-Kaida, reingeschaut und das dorten gefundene Bombenrezept nachgekocht. „Aus Interesse an Tischfeuerwerk", wie einer seiner drei Anwälte sagt. Es muss ein großes Interesse gewesen sein, denn Keramat G. kaufte nicht nur Feuerwerkskörper und fuderweise Streichhölzer, sondern auch Wecker, Lichterketten, L-Rohre und eine Bohrmaschine. Es handelte sich aber auch um großes Tischfeuerwerk, laut Gebrauchsanweisung dazu geeignet, „mindestens zehn Menschen zu töten". Er habe sich lediglich am interessanten Farbenspiel der explodierenden Streichhölzer ergötzen wollen, sagt Keramat G., der sich wie viele seiner Kollegen im Internet in recht kurzer Zeit selbst radikalisiert haben will.

Schuld sei sein Vater, ein Afghane alter Schule, „so gesellschaftlich kulturmäßig und so", das absolute Oberhaupt der Familie. Sein Vater sei nie zufrieden mit ihm gewesen. Habe ihm immer gesagt, dass er nichts könne, dass andere in seinem Alter schon Geld verdienten oder Kinder zeugten. Da habe er sich was gesucht, „wo die nicht gut sind und wo ich gut sein kann".

Im Internet habe er sich daraufhin mit den Themen „Islam, Sport und Kochen" beschäftigt. Sport und Kochen waren wohl nicht so dolle. Der Islam manchmal auch nicht: Die Schriften salafistischer Hetzprediger, die die Polizei auf seinem Computer fand, habe er nur gespeichert, weil er „Bücher so sehr liebe" – und „Nathan der Weise" möglicherweise als kostenloser Download gerade nicht zur Verfügung stand.

Er habe seinem Vater, der sein Geld ehrlich verdiene – „mit Internet-Café, Mineralien und Schmuck und so" – beweisen wollen, dass er auch etwas auf die Reihe bekommen könne, sagt der Sohn. Hat nicht wirklich funktioniert.

Der Vater erzählt im Zeugenstand selbst von seinem Sohn, der ihn schon als kleines Kind oft in den Veitstanz getrieben habe, weil er immer alles hätte reparieren wollen – und alles immer kaputt gemacht habe. Deshalb habe er ihn zum Maschinenbaustudium gedrängt. Vielleicht, überlegt der Vater, sei das falsch gewesen.

Kurz nach der Tat hatte der Vater den Sohn noch in der Klinik überzeugt, bei der Polizei auszusagen. Er reiste ihm nach Pakistan hinterher, wohin Keramat G. nach seiner Entlassung aus dem Krankenhaus ungehindert entflohen war, und überredete ihn zur Rückkehr. Und er hat seinen Sohn, der ihm in jüngster Zeit mehr als nur Kummer bereitet hat, nie aufgegeben. „Ich möchte, dass wir wieder eine glückliche Familie werden können." Seinen Sohn, sagt er, wolle er nicht mehr unter solchen Erfolgsdruck setzen.

Die Zeit heilt manche Wunden. Keramat G.s Gesicht hat sich wieder erholt, nur seine vernarbten Hände tragen noch deutliche Spuren der Explosion. Bei anderen Dingen vermag die Zeit nicht zu helfen. „Dilettantismus zieht sich wie ein roter Faden durch sein ganzes Leben", sagte selbst der Anwalt im Plädoyer. Ob er denn als Maschinenbau-Student nicht wisse, dass Reibung Wärme erzeugt, will der Richter vom Angeklagten wissen. Der zuckt ratlos mit den Achseln.

„Die Sache hatte gar nichts mit Religion zu tun. Und ich bin kein Terrorist." Die letzten Worte des Angeklagten verhallen eher ungehört. Das Landgericht verurteilt ihn wegen Vorbereitung einer schweren staatsgefährdenden Gewalttat und fahrlässiger Herbeiführung einer Sprengstoffexplosion zu einer Freiheitsstrafe von drei Jahren. Das Gericht mag der Version vom tollpatschigen, neugierigen Bastler nicht folgen. G. habe sich im Internet „mit der Geschwindigkeit einer Zündschnur radikalisiert".

Keramat G. weiß zu diesem Zeitpunkt noch nicht, dass der Bundesgerichtshof wenige Wochen später das Urteil des Landgerichts zumindest in Teilen kassieren wird. Das Gericht hätte besser klären müssen, ob der Angeklagte beim Bombenbau überhaupt schon fest zu einem Attentat entschlossen gewesen sei, wird der BGH rügen. Nur dann könne er wegen der „Vorbereitung einer schweren staatsgefährdenden Gewalttat" verurteilt werden.

Und so schafft Keramat G., der das Pulver nun mit Sicherheit nicht erfunden hat, doch noch etwas, was nun wirklich nicht jedem gelingt: Er wird zum Präzedenzfall. Ob das den Vater allerdings endlich einmal mit Stolz erfüllt, darf bezweifelt werden. Aber es wäre verfrüht, die Flinte ins Korn zu schmeißen. Immerhin hat Keramat G. noch vier Geschwister.

Tommi und Dani
bekommen aufs Maul

Der Tommi und der Dani müssen in den Knast. Der eine für vier, der andere für zwei Tage. Weil sie dem Bülent in der Schule mal ganz kurz 6.850 Euro geklaut, ihn in den Schwitzkasten genommen und „zwei Fäuste gegeben" haben. Der Tommi war da gerade mal 18, der Dani gerade mal nicht, darum Jugendgericht und Jugendstrafrecht und Jugendarrest und so.

Der Tommi und der Dani sind arm wie die Kirchenmäuse. Die Mutter vom Tommi erst recht. So arm, dass der Tommi auf der Anklagebank weinen muss, wenn er nur daran denkt. Der Bülent hingegen habe auf dem Pausenhof immer mit dicken Geldbündeln geprahlt. Dabei habe in dem Frankfurter Gymnasium, wo der Dani und der Bülent mal gemeinsam die Schulbank drückten, jeder gewusst, dass die Kohle von Drogendeals und Internetbetrügereien komme.

Und weil der Tommi und der Dani Verbrechen nicht leiden können und die Mutter vom Tommi Geld braucht und der Dani eh' die Schule gewechselt hatte, gingen sie im Sommer 2014 an Bülents Schule, verkloppten ihn und nahmen ihm 6.850 Euro ab. Den Tipp, dass der Bülent mal wieder mit seiner Kohle angebe wie eine Lore Affen, hätten sie übrigens telefonisch von einem Kumpel bekommen, denn der Tommi und der Dani sind zwar arm, aber für Handys langt's gerade noch.

Nachdem er von den beiden recht ordentlich verdroschen worden war, rief der Bülent seinen großen Bruder an, dem gehörte das geklaute Geld nämlich. Der kam auch in die Schule, verkloppte den Tommi und den Dani – aber wie! – und nahm sich das Geld zurück.

Dem Tommi und dem Dani tat das damals sehr weh, heute tut es ihnen sehr leid. Eigentlich sind die beiden nämlich gar keine üblen Kerle. Jedenfalls sind beide mittlerweile mit der Schule fertig und lernen was halbwegs Anständiges, nämlich Einzelhandelskaufmann und Konstruktionsmechaniker. Vorbestraft sind sie auch nicht. Aber gestraft genug. Der Bruder vom Bülent hat sie nämlich nicht nur verkloppt, sondern auch ein unbefristetes „Frankfurt-Verbot" gegen beide ausgesprochen, obwohl die doch da wohnen! Der Dani hat außerdem einen Monat Hausarrest gekriegt. Und die Mutter vom Tommi war stinksauer und um keinen Cent reicher.

Den Bülent hat es aber auch erwischt. Der hatte nach der Prügelei, von der man heute noch ehrfurchtsvoll auf dem Schulhof raunt, so eine schlechte Laune, dass er die Schule schmiss und „erst mal nach Marokko" ging, um „mal richtig abzuschalten". Jetzt ist er wieder da, aber eine neue Schule hat er noch nicht gefunden. Gelernt hat er bei der ganzen Geschichte auch was. Er wolle künftig „nicht mehr so angeben", verspricht er.

Nach der Tat hatte der Bülent noch mal beim Tommi und beim Dani angerufen. Da wollte er wissen, wer ihnen denn damals gesteckt habe, dass er so viel Kohle dabei hatte an jenem Tag. Aber der Tommi und der Dani haben dichtgehalten. Und der Jugendrichter will's auch nicht wissen. Der kann Petzen nämlich nicht leiden.

Horst wird noch gebraucht

Selten fliegen einem Angeklagten die Herzen so zu wie Horst K. vor dem Landgericht. Obwohl sich der 71-Jährige dort wegen räuberischer Erpressung verantworten muss. Vielleicht liegt das an der Art, wie er redet. Und er redet viel.

Horst K. wurde in Frankfurt geboren, das hört man. Von Kindesbeinen an „war ich auf Abenteuer" aus, sagt er. Als junger Mann büxt er aus ins Saarland, „das damals noch französisch war". Dort sitzt er drei Tage im Knast, weil er einem Bauern Picknickkorb und Fahrrad gestohlen hatte. Wieder zurück in Frankfurt, macht er eine Lehre zum Spengler und Installateur.

Ende der 60er-Jahre aber entdeckt er seine wahre Leidenschaft. Das Spenglerleben wird ihm langweilig, er hängt „mit Leuten aus dem Bahnhofsviertel ab", die immer „dicke Geldscheinbündel" bei sich haben. Es ist kein legal, aber vergleichsweise einfach verdientes Geld. Seine neuen, reichen Freunde raten ihm, es ihnen gleichzutun. Seinen ersten Tresor knackt Horst 1968 in der Hanauer Landstraße. „30.000 Mark, das war viel Geld damals", erinnert er sich. Seine damalige Freundin ist begeistert, K. sattelt um und wird Schränker.

Der Begriff Schränker ist heute beinahe so ausgestorben wie die Profession, die er bezeichnet. Schränker waren Tresorknacker, Menschen, die kriminelle Energie mit handwerklichem Geschick verbanden. Für einen ehrbaren Schränker galt ein ungeschriebenes Gesetzt: keine Waffen. Wer in flagranti erwischt wurde, hatte in der Regel zwei Optionen: Flucht oder Bau. Vielleicht galten Schränker deshalb in Polizeikreisen als eine Art Edelleute unter den Ganoven. Viele altgediente Gesetzeshüter bekommen heute noch feuchte Augen, wenn sie von dieser fast vergessenen Profession erzählen. So wie alte Sportler, die sich an die großen Konkurrenten aus glorreichen vergangenen Tagen erinnern.

Die Geschäfte laufen gut für Schränker-Horst. Sein unehrliches Handwerk ermöglicht ihm ein recht komfortables Leben – mit Eigentumswohnung und Fernreisen in der Freizeit zwischen den krummen Dingern. Doch dann erwischt ihn Amors Pfeil. 1977 trifft er in einer Kneipe namens Hansa-Stübchen die große Liebe seines Lebens. Sie arbeitet in einem Reisebüro, „das war in einer Zeit, in der Frauen noch in Reisebüros arbeiteten", erinnert sich Horst vor Gericht. Die Frau macht den Panzerknacker wieder zum Spengler und ehrbaren Bürger. Als sie 1996 an Krebs stirbt, läuft sein Leben erneut aus der Spur. Er versucht, die Trauer wegzusaufen. Und dreht wieder krumme Dinger.

Fünf Fälle sind angeklagt, die Horst K. in der Seniorenwohnanlage, in der er mittlerweile wohnt, nach eigenen Angaben „ausbaldowert" hat. Im Oktober 2013 erbeutet er bei einem Überfall auf eine Postbankfiliale 480 Euro, zwei Wochen später sind es im „Mobility Center" der Bahn in der Berger Straße 1.085 Euro. Ein Überfall auf eine Postfiliale scheitert daran, dass der einzig anwesende Beamte ihm die Tür vor der Nase zuschlägt. „Das habe ich als extrem unhöflich empfunden", erinnert sich Horst, „ich hatte ja noch nicht einmal ein Messer gezogen." Auch ein Überfall auf eine Friedhofsgärtnerei bringt nicht den erwünschten Erfolg. Der Tresor ist zu, die Portokasse ausgelagert, die einzig anwesende Angestellte bietet ihm schließlich voller Angst 50 Euro aus ihrem Portemonnaie an. „Mädchen, ich nehm' doch kein Privatgeld, wofür hältst du mich denn", sagt der in seiner Ehre gekränkte Ganove und flüchtet beutelos.

Ein Überfall auf die Commerzbank am Rossmarkt bringt am 20. Januar 2014 noch einmal 1.500 Euro. Wie üblich setzt Horst K. seine Air-Soft-Pistole zum Drohen ein und flüchtet anschließend mit dem Fahrrad in die U-Bahn. Vom Stadtwald aus sieht er befriedigt zu, wie Polizei-Helikopter über der Innenstadt kreisen. Horst K. ist stolz auf sich, und er wähnt sich sicher. Wochenlang hat er sich vor der Tat Haare und Bart wachsen lassen, ein paar Tage zuvor die Körperhygiene eingestellt. „Die suchten einen Obdachlosen – und ich war ja kein Obdachloser." Er kichert immer noch, als er auf der Anklagebank davon erzählt. Doch die Sicherheit ist trügerisch. Es soll das letzte große Ding gewesen sein, dass Horst K. gedreht hat. Die Polizei spürt ihn schließlich in der Altenwohnanlage auf, in der er eher unfreiwillig lebt. Und wieder einmal landet der alte Schränker im Bau. Er empfindet den Umzug keineswegs als Verschlechterung.

Jedes Verbrechen hat ein Motiv. Doch das illegale Alterswerk Horst K.s hat sogar zwei. „Herr Richter", antwortet er auf die Frage nach seinen Beweggründen, „ich müsste lügen wenn ich sagen würde, ich hätte es nicht wegen des Geldes getan." Seine schmale Rente reiche hinten und vorne nicht. Aber da ist noch mehr. In der Altenwohnanlage falle ihm „die Decke auf den Kopf". Mit seinen Nachbarn könne er kaum kommunizieren. „Die wollen, wenn überhaupt, nur übers Wetter reden. Oder über Butterpreise." Beide Themen interessierten ihn nicht sonderlich. „Aber einen Plan auszubaldowern, den umzusetzen, und dann klappt das – da klopft man sich schon auf die Schulter und sagt zu sich selbst: Mensch, Horst, du bist ja doch noch zu etwas gut! Du wirst noch gebraucht!"

Am Ende des Prozesses haben alle Horst K. ganz furchtbar lieb. Sein Anwalt sowieso, aber auch der Richter, die Zuschauer, ja selbst der Staatsanwalt kann seine Sympathie nicht verhehlen. Doch Gesetz ist Gesetz, und Horst K. wird zu einer mehrjährigen Haftstrafe verurteilt. Er nimmt das Urteil wie einen Ritterschlag entgegen.

Im Knast wird er ein König sein. Ein Meister seines Faches, dessen Wort Gewicht hat und dessen Rat man gerne hört. Ein Schränker eben, der sich des Respekts seiner Mitgefangenen und selbst der Wärter sicher sein kann. Ein alter Mann, gewiss, aber einer, mit dem man reden will. Und nicht nur übers Wetter.

Als Horst den Gerichtssaal erhobenen Hauptes in Richtung Unfreiheit verlässt, dreht er sich noch einmal um, er winkt dem Gericht und den Zuschauern zu. „Macht's gut, alle miteinander. Ihr seht mich nie wieder!"

Das ist wohl ebenso wahr wie traurig. Denn einer wie Horst K. mag ja ein Verbrecher sein. Aber Verbrecher wie er werden noch gebraucht.

Die Geschichte des A.

Sie hatte ja vier Sklaven", sagt Abdullatif K. über Melek C. Dann fragt er: „Aber soll ich ganz von vorne anfangen?" Das Landgericht bittet darum.

Aber ganz am Anfang steht die Anklage. Melek C., 25, und Abdullatif K., 33 Jahre alt, wird Entführung, Bedrohung und Körperverletzung vorgeworfen. C., die in einem Internetforum als Domina unter dem klangvollen Namen „Herrin ohne Skrupel" auftrat, soll im Oktober 2012 in Frankfurt einen Kunden mehr versklavt haben, als dem lieb war. Denn obwohl der Kunde noch vor Ort von der zuvor im Netz getroffenen Vereinbarung zurücktrat, sich „zum Sklaven machen und an einen unbekannten Ort verbringen zu lassen", gab ihm die Herrin mit einem „Du kommst jetzt mit!" zu bedenken, dass zwischen Sklaverei und Freiwilligkeit oft eine gewisse Diskrepanz herrscht. Ihre Komplizen Abdullatif C. und Bünjamin Ö. hielten dem unwilligen Sklaven daraufhin ein Messer an den Hals, gaben sich fälschlicherweise als Mitglieder der Hells Angels aus und starteten gemeinsam zu einer Autotour nach Essen und Köln.

Das Trio täuschte einen Check-Out im Frankfurter Hotel des Sklaven vor. Auf der Fahrt nach Essen zogen sie ihm eine Tüte über den Kopf, verprügelten ihn nach Gutsherrenart und zwangen ihn schließlich mit der Drohung, ihn andernfalls zu erschießen, Geld von seinem Konto abzuheben. Schließlich setzten sie ihn, die Hände mit einem Stoffgürtel gefesselt, in einem Wald bei der Autobahn ab. Der Sklave war um eine Erfahrung reicher, aber um 18.000 Euro, sein Portemonnaie mit allen Papieren, seine Armbanduhr, sein Handy und einen Koffer nebst Rasierschaum und Socken ärmer.

Die Herrin ohne Skrupel sagt vor Gericht nichts. Sie trägt ein für die Anklagebank recht großzügig geschnittenes schwarzes T-Shirt und, zumindest zu Beginn, Handschellen. Nach Auskunft ihres Verteidigers fühlt sie sich „unwohl" und wird zumindest zu Prozessbeginn die Herrin ohne Worte bleiben. Was man von Abdullatif K. nicht behaupten kann.

Der redet wie ein Buch. Der Sklave habe es ja so gewollt. Die Entführung, die Haue, die Kontoplünderung: alles Teil des Spiels. „Das ist S/M, ein bisschen Gewalt ist da schon dabei, so 80 Prozent, würd' ich mal sagen", sagt er mal. Die Herrin habe mit ihren Sklaven einfach kein Glück, es sei aber heutzutage auch schwer, anstellige zu finden. Carsten sei der Erste gewesen. Der habe sich am Halsband führen lassen wollen, bis ihm einfiel, dass er bei der Bundeswehr seine devoten Neigungen auch billiger ausleben könne. Und dann sei Jörg gekommen, aber „der hatte sich wohl verirrt" und „war gar nicht so devot". Jedenfalls habe er angefangen zu meckern, als die Herrin ihm sein Handy nahm, und es wurden Sklaven schon aus weit geringeren Gründen abgemahnt. Und dann kam der dritte Sklave, den K. beinahe respektvoll „Herr A." nennt. Und der habe es echt ehrlich gemeint.

„Totalversklavung, 365 Tage, kein Wunschzettel!" Die Stellenbeschreibung, die K. im Namen der Herrin in der Anzeigenabteilung eines Fetisch-Portals veröffentlicht hatte, ließ eigentlich weder Fragen noch Wünsche offen. Herr A. habe gewusst, worauf er sich einlasse. Auch auf ein bisschen Gewalt.

Der dritte Sklave, Herr A., findet am ersten Verhandlungstag kein Gehör. Er ist nicht geladen und kommt auch nicht. Er wird erst später im Prozess eine – wenn auch untergeordnete – Rolle spielen. Abdullatif K. wird betonen, die ganze Entführung sei doch ein Spiel gewesen. Sklave A. wird sagen, dass das mit Sicherheit kein Spiel war, und wenn, dann ein Scheißspiel. Ihm scheint die ganze Angelegenheit irgendwie ein wenig peinlich zu sein.

Da ist er nicht der Einzige, wie sich spätestens bei der Lösung eines mathematischen Problems zeigt. Denn trotz Nachzählens kommt das Gericht nur auf drei Sklaven: Carsten, Jörg, Herr A. Und der eingangs erwähnte Vierte in Bande? Längeres Schweigen herrscht, als der Richter danach fragt. „Ich war doch irgendwie auch ihr Sklave", murmelt Abdullatif K. „Hä?", fragt der Richter. Wieder Schweigen. „Mein Mandant will damit sagen, dass er auch eine devote Ader hat", springt endlich der Verteidiger seinem Mandanten zur Seite. „Ach so", sagt der Richter. „Dankeschön!", sagt Abdullatif K. und strahlt erst seinen Anwalt, dann den Richter an. Jetzt, wo es raus ist, kann der Prozess ja weitergehen.

Am Ende werden sowohl die Herrin ohne Skrupel als auch ihr treuer Mietsklave Abdullatif K. zu Freiheitsstrafen von je zweieinhalb Jahren verurteilt. Freilich nicht wegen Menschenraubs, sondern wegen versuchten Betrugs – das Gericht sah sich außerstande zu erkunden, wann der ganze Firlefanz die Grenze zum abgekarteten Sexspiel überschritten hatte.

Zweieinhalb Jahre Unfreiheit können für einen Sklaven relativ kurz, für eine Herrin relativ lang sein. Ist wohl alles eine Frage der Einstellung.

Der Anwalt der Prinzessin

Dies ist eine Geschichte, die von Liebe handelt. Und darum nimmt sie auch kein gutes Ende. Sondern eines vor dem Amtsgericht.

Alle liebten die Prinzessin. Vor allem ihr Anwalt. Aber nicht nur der. „Die Presse ist ja voll auf sie abgefahren. Ich glaube auch nicht, dass die Presse heute wegen mir hier ist", sagt der Anwalt. Die anwesenden Pressevertreter geben dem Anwalt, der wegen Untreue in fünf Fällen angeklagt ist, inhaltlich voll recht. Sie sind natürlich wegen der Prinzessin hier – die aber für den Prozess nicht als Zeugin geladen ist.

Im Herbst 2006 lernt der heute 68 Jahre alte Anwalt die damals 29 Jahre alte Prinzessin kennen. Die sieht tatsächlich so aus, wie man sich eine kongolesische Prinzessin vorstellt. Und sie umweht ein Hauch von Geheimnis: Ist sie tatsächlich eine Prinzessin, deren Geschlecht sich bis ins 16. Jahrhundert zurückverfolgen lässt? Ist sie tatsächlich Honorarkonsulin der Demokratischen Republik Kongo? Fest steht, dass sie 2006 ein deutsch-afrikanisches Hilfswerk gründet und als Charity-Queen schnell zum strahlenden Fixstern der Frankfurter Stadtgesellschaft aufsteigt. Der von ihr gegründete Hilfsverein beginnt mit einem Startkapital von 200.000 Euro.

Er habe „locker 200.000 Euro" in seine damalige Gespielin investiert, erinnert sich der Anwalt. Nicht nur für Benefizprojekte. Sondern vor allem für teure Geschenke. „Sie führte ein sehr luxuriöses Leben. Sie war eine sehr luxuriöse Frau. Ich war ihr hörig." Die alte Leier alter Männer. Leider besitzt der Anwalt nicht das nötige Kleingeld für solche Hobbys. Also nimmt er es von einem Mandanten. Es ist die Art von Mandant, deren Geld man besser nicht veruntreut. Der Anwalt vertritt den Mandanten in einem Geldwäscheprozess, den er auch gewinnt. 300.000 Euro, die dem Mandanten zustehen, landen auf dem Konto des Anwalts. Sein Mandant sieht 50.000 davon. Den Rest sieht die Prinzessin. Sagt der Anwalt.

Jedenfalls ist der Mandant kein saumseliger Gläubiger. Nach Aussage des Anwalts rückt er diesem zunehmend auf die Pelle, fordert sein Geld, zwingt den Anwalt, ihn selbst, Familienangehörige und Freunde vor Gericht zu vertreten und das Studium seiner Freundin zu finanzieren. In seiner Not unterschlägt der Anwalt das Geld anderer Mandanten, um die Schuld zurückzuzahlen. Doch auch die anderen Mandanten nehmen dieses Vorgehen nicht freundlich auf. Schließlich zeigt sich der Anwalt selbst an. Das Amtsgericht verurteilt den Anwalt zu einer Freiheitsstrafe von zwei Jahren auf Bewährung. Ist ja doch ein ganz gutes Ende, könnte man meinen, aber von wegen.

Der Anwalt hat aus nachvollziehbaren Gründen seine Zulassung verloren. Er lebt heute nach eigenen Angaben in bitterer Armut und „von Zuwendungen durch die Familie". Seine Mandanten sind immer noch sauer. Und die Prinzessin ist auch flöten. Auch aus der Stadtgesellschaft ist die Prinzessin verschwunden. Ihr Hilfsverein ist längst aufgelöst, auch wenn die Ermittlungen der Staatsanwaltschaft den Verdacht auf Spendenbetrug nie erhärten konnten. Das letzte Mal, dass sie in der Boulevardpresse auftaucht, war dieses Jahr. Die Prinzessin, so hieß es, wolle im Kongo in den Coltan-Abbau einsteigen – ein rares Erz, das für Handys, DVD-Player und Spielkonsolen gebraucht wird. „Wird sie die neue Königin der seltenen Erden?", fragte die Zeitung damals. Die Frage bleibt bis heute unbeantwortet.

Auch der Anwalt kennt die Antwort nicht. Die Beziehung zur Prinzessin endete Mitte 2010, und zwar eher unschön. „Ich habe damals den Kopf verloren", sagt der Anwalt. Den scheint er mittlerweile wiedergefunden zu haben. Das Geld aber bleibt verschwunden. Vielleicht wüsste die Prinzessin, wo es steckt, aber die will niemand hören. „Wozu?", fragt die Staatsanwältin. „Kein Interesse", sagt die Richterin. Für eine ehemalige Society-Nudel und Charity-Queen ist das eigentlich so eine Art Höchststrafe.

Siegreich ist der General

Der Brigadegeneral steht mit einem Bein im Gefängnis. Aber er ergibt sich nicht. „Ich habe mich um bestimmte Dinge gekümmert, die der Sicherheit der Bundesrepublik Deutschland dienen!" Mehr will, mehr kann der Brigadegeneral nicht sagen. Er hat auch damals nichts gesagt, 1981, als ihn der Geheimdienst Ihrer Majestät in seinem Londoner Büro wegen Spionage verhaftete. Zwei Jahre hat er gesessen, „aber nur, weil man gegen den Russen wenig machen konnte", Bauernopfer sozusagen. Man kann nicht sagen, dass das Vaterland dem Brigadegeneral seinen Einsatz gedankt hätte.

Der Brigadegeneral ist 68 Jahre alt. Seit etwa sieben Jahren steht er immer mal wieder vor Gericht, immer aus denselben Gründen. Mal fährt er per Bahn erster Klasse quer durch die Republik, ausgestattet mit einem eigenhändig gefälschten Jahresticket des Finanzministeriums, für das er auch noch tätig ist. Mal schmuggelt er sich in Fantasieuniform auf ein Gelöbnis. Mal erschnorrt sich der Brigadegeneral mit E-Mails, die ihn als Ministerialdirektor und Diplomingenieur ausweisen, Einladungen zu so spannenden Treffen wie einem Symposion des Managerkreises Rhein-Main. Oft werden zu solchen Anlässen Schnittchen gereicht.

Das Problem ist, dass die Justiz sagt, dass der Brigadegeneral gar kein Brigadegeneral ist. Und kein Diplomingenieur. Und erst recht kein Ministerialdirektor. Sie weiß nicht, was der Brigadegeneral eigentlich trieb und treibt. Die Staatsanwaltschaft hat versucht, das zu recherchieren. Es ist ihr nicht gelungen. Aktenkundig ist, dass der Brigadegeneral schon als Minderjähriger zur Bundeswehr wollte, was die Mutti aber verbot. Irgendwann machte er wohl auch eine Lehre im Laden der Schwiegereltern. Könnte aber auch Tarnung gewesen sein.

Eigentlich, sagt der Brigadegeneral, habe er eine ganz normale Bundeswehrkarriere hingelegt. Nach dem Studium der Architektur wurde er von der Bundeswehr abgeworben. Er unterzeichnete eine „Totalverpflichtung", die im allergeheimsten Geheimsafe des Verteidigungsministers verschwindet. Er wird zum Spezialagenten ausgebildet, der sich in Kapstadt, London und Washington „um NS-Umtriebe bei der Bundeswehr" kümmert. Das macht er so gut, dass ihn das Finanzministerium nach der Wiedervereinigung abwirbt: Der Top-Spion mit architektonischem Hintergrund soll sich um die Abwicklung der NVA-Liegenschaften kümmern. Er kassiert einen fürstlichen Sold von 10.000 Euro im Monat, den er entweder als Bargeld in Kuverts oder als Verrechnungsscheck von streng geheimen Geheimagenten zugesteckt bekommt.

Die Justiz hat beim Brigadegeneral alles versucht. Gutes Zureden. Half nichts. Strafbefehle wegen unberechtigten Titelführens et cetera. Half nichts. Freiheitsstrafen auf Bewährung. Half nichts. Erst am Mittwoch dieser Woche erreichte den Brigadegeneral das schriftliche Urteil des Darmstädter Amtsgerichts, eine Freiheitsstrafe ohne Bewährung. Sein Sohn war arglos mit einer der übertragbaren, aber eben leider gefälschten Tickets seines Vaters Bahn gefahren. Der Sohn hat deswegen seinen Job verloren – zuvor war er in der Tat gerichtlich nachweisbar Zeitsoldat bei der Bundeswehr gewesen. Wenn auch ohne Totalverpflichtung.

Niemand glaubt dem Brigadegeneral, der heute vor dem Landgericht steht, weil er Einspruch gegen einen Strafbefehl des Amtsgerichts wegen der Schnittchen-Schnorrerei eingelegt hat. Sein Ankläger glaubt ihm nicht. Seine Richter glauben ihm nicht. Nicht einmal sein Anwalt glaubt ihm. „Ich glaube", sagt die Vorsitzende Richterin, „dass Sie sich eine Lebenslüge aufgebaut haben, die Sie jetzt auch vor Ihrer Familie nicht mehr einreißen können. Und diese Lebenslüge bringt Sie jetzt vielleicht ins Gefängnis."

Er sei Brigadegeneral, sagt der Brigadegeneral. Gut, die Jahrestickets habe er gefälscht. Aber nur weil das Verteidigungsministerium, das ihn jetzt aus unerfindlichem Grund zur nichtexistenten Person gemacht habe, ihm diese nicht mehr geschickt habe. Man müsse ihm himmelarschundzwirn einfach glauben. Sämtliche Beweise seiner militärischen Existenz habe der ehemalige Verteidigungsminister Peter Struck wohl mit ins Grab genommen.

Ein paar andere könnten vielleicht was wissen. Als Zeugen benennt der Brigadegeneral etwa den ehemaligen Generalinspekteur der Bundeswehr Wolfgang Schneiderhan, der tatsächlich am zweiten Verhandlungtag erscheint, im Zeugenstand aber so tut, als habe er den Brigadegeneral nie gesehen. Vielleicht steckt ja der Russe dahinter. Der Brigadegeneral benennt weitere Zeugen, etwa den Ex-Weltbank-Vize Caio Koch-Weser und Ex-Bundespräsident Horst Köhler.

Das Gericht verzichtet. Stattdessen gibt es ein neues psychologisches Gutachten in Auftrag, dass klären soll, ob der Brigadegeneral geistig noch ganz knusper ist. Nach acht Verhandlungstagen steht das Ergebnis der Untersuchung endlich fest: Der Angeklagte sei zwar nicht schizophren, aber seine Lebenslüge habe sich mittlerweile für ihn selbst zur Wahrheit manifestiert. Und keine Macht der Welt könne ihn da noch degradieren. Auch das Landgericht nicht. Der Freispruch ergeht aufgrund mangelnder Schuldfähigkeit.

Am Ende muss sogar die Richterin dem Brigadegeneral ihren Respekt zollen. „Der Hauptmann von Köpenick ist gegen Sie ein müder Abklatsch", sagt sie. Auch der Staatsanwalt gratuliert: „Sie haben jetzt im wahren Sinne des Wortes einen Freifahrtschein."

Wie üblich in einem Prozess hat der Angeklagte das letzte Wort. „Ich betrachte mich nicht als verrückt." Die Kosten für den Prozess trägt der Staat. Der General könnte das zumindest als kleinen Dank des Vaterlandes für treue Dienste auffassen.

Pflegestufe IV

Eigentlich ist das eine Heldengeschichte. Aber Manfred S. ist nicht aus dem Stoff geschnitzt, aus dem Helden sind. Helden ziehen irgendwann zu Hause aus. Manfred S. hat das nie getan. Ein „Nesthocker" sei er stets gewesen, sagt er auf der Anklagebank des Frankfurter Landgerichts. Er sitzt dort, weil er versucht haben soll, seine 88 Jahre alte Mutter zu töten.

Es ist das Jahr 2007, als bei Elisabeth S., die wegen eines Herzleidens ins Krankenhaus gebracht wird, beginnende Altersdemenz festgestellt wird. Manfred S. will sich um seine Mutter kümmern. Er hängt seine Arbeit bei einem Unternehmen, das Rasierklingen herstellt, vermeintlich vorübergehend an den Nagel und geht in Pflegezeit. Er wird den Job nie wieder aufnehmen. „Ich habe gekocht, ich habe gewaschen, ich bin mit ihr spazieren gegangen." Eine freundliche, warmherzige Frau sei seine Mutter gewesen, sagt er. Jetzt ist er an der Reihe, sich um sie zu kümmern. Manfred S. beantragt Pflegestufe I.

Es geht bergab. 2008 wird Elisabeth S. auch noch zuckerkrank. Sie wird inkontinent. Im Krankenhaus verdreckt sie das Krankenzimmer und wird ans Bett gefesselt. Das ist der Moment, in dem Manfred S. beschließt, seine Mutter nie in ein Pflegeheim abzugeben. Elisabeth S. wird zunehmen aggressiv. Vor allem gegen Fremde, manchmal aber auch gegen ihren eigenen Sohn, den sie zeitweise nicht mehr erkennt. „Wer sind Sie", fragt sie ihn jetzt hin und wieder. Er ist ihr einziges Kind. Manfred S. beantragt Pflegestufe II.

2009 wird es noch schlimmer. Manfred S. geht in Rente, die Pflege der Mutter ist jetzt ein Vollzeitjob. Elisabeth S. dreht in der Küche sämtliche Herdplatten auf, die Küche brennt ab, Manfred S. streitet sich mit der Versicherung herum und kocht monatelang ausschließlich mit der Mikrowelle. Er bekommt Besuch von der Krankenkasse. „Drei Leute waren das, die haben alle auf mich eingeredet." Manfred S. soll die Fenstergriffe abmontieren, damit Mutter keinen Unsinn anstellt. Der Sohn will nicht. Er will seine Mutter nicht entmündigen. Er schließt jetzt sämtliche Türen im Haus ab. Manchmal geht ihm seine Mutter an die Gurgel. Manfred S. beantragt Pflegestufe III.

Es ist ein Januartag 2010, er beginnt in dem Haus in Weilrod wie viele andere. Elisabeth S. zermantscht das Frühstück, das ihr Sohn ihr zubereitet hat. Sie schüttet den Kaffee auf den Boden. Beim Mittagessen spielen sich ähnliche Szenen ab. Am Nachmittag entledigt sich die Mutter in einem unbewachten Moment ihrer Windeln und ruiniert das Ledersofa. Und nicht nur das. Manfred S. muss waschen.

Als er die Wäsche aufhängt, vergisst er, die Kellertreppe abzuschließen. Mutter fällt die Treppe runter und zieht sich eine Platzwunde am Kopf zu. Als er ihre Wunde versorgen will, geht sie ihm wieder an die Gurgel. „Da habe ich Rot gesehen, da hat irgendetwas ausgesetzt", sagt der Sohn. Er schlägt seine Mutter mit einem Staubsaugerrohr, das an der Wand lehnt. Elisabeth S. scheint es kaum zu merken. Sie läuft wieder zur Treppe und fällt erneut hinunter. Jetzt ist sie tot, denkt sich der Sohn.

Dann läuft Manfred S. hinaus in die Nacht. Es liegt Schnee, er stürzt, es ist ihm egal, er stolpert in den Wald und steigt auf einen 40 Meter hohen Aussichtsturm, von dem er sich stürzen will. Er schafft es nicht. Eine halbe Stunde versucht er zu springen, aber er bekommt nur das Bein auf die Brüstung. Dann kommt er langsam wieder zu sich. Vielleicht, denkt er sich, ist Mutter gar nicht tot, vielleicht nur verletzt, vielleicht braucht sie Hilfe. Er sucht sein Handy, findet es aber nicht. Mutter hat es, wie sich später herausstellt, in den Kühlschrank gelegt. Manfred S. wandert durch den Wald, bis er zu einem Gasthaus kommt. Dort bestellt er ein Taxi zur Polizei nach Usingen und stellt sich.

Ein Nachbar hat mittlerweile die verletzte Mutter entdeckt und den Notarzt alarmiert. Elisabeth S. stirbt sechs Wochen später im Krankenhaus, aber weder an den Folgen des Schlages noch des Sturzes.

„Haben Sie Ihre Mutter jemals wiedergesehen?", will die Vorsitzende Richterin Bärbel Stock wissen. Nur noch einmal, im Krankenhaus, sagt Manfred S., ihr Kopf sei bandagiert gewesen, „und der Pfleger hat mich ohne Bewachung nicht hineingelassen ... natürlich ..." Es ist das erste Mal, dass Manfred S. während seiner Aussage die Stimme versagt. Er putzt sich die Nase, dann hat er sich wieder im Griff. „Begraben habe ich sie im Friedwald", flüstert er dann, „zehn Minuten von zu Hause."

Der 65-jährige Manfred S. ist jetzt allein zu Hause. Die Staatsanwaltschaft nennt das Ganze „Versuchter Totschlag durch Unterlassung". Sie wird wissen warum.

Uff Frankfodderisch

Eigentlich ist Tante Gitta keine Rassistin. Eigentlich ist Tante Gitta Frankfurterin. Und zwar seit 1940. Eigentlich heißt Tante Gitta auch anders. Sie trägt in Wahrheit einen noch viel altertümlicheren Namen.

Eigentlich sind Tick, Trick und Track sehr fröhliche Kinder. Aber am Abend des 29. Dezember 2012, sagt die Staatsanwaltschaft, haben sie sich bei ihrem Vater ausgeweint. Weil Tante Gitta sie beschimpft habe, als „Arschlöcher", „Hurensöhne", „Drecksmuslime" und „Taliban". Tick, Trick und Track tragen nämlich eigentlich auch ganz andere, viel exotischere Namen.

Tante Gitta räumt die Anklage „in den Kernpunkten ein", sagt ihre Anwältin. Und dann spricht Tante Gitta selbst. „Die bolze den ganze Tach", sagt Tante Gitta, die ihre Rente als ehemalige Leiterin einer Lohnbuchhaltung eigentlich in Ruhe in Preungesheim genießen will. Stattdessen: Zustände wie bei den Offenbacher Kickers. „Ballkontakte von zeh- bis zwelfmal die Minut", und das „ibber nen längere Zeitraum".

Am 29. Dezember habe sie dann doch wohl ein bisschen die Nerven verloren. Und bei gekipptem Fenster vor sich hingemurmelt: „Jetzt bolze die kleine Arschlöcher widder. Mir sin hier doch net uffm marokkanische Basar. Aber des is bei dene Moslems halt so – da mache die Kinner, wasse wolle."

Quatsch, weist Tante Gittas Anwältin ihre Mandantin zurecht. Sie habe das nicht bei gekipptem Fenster gemurmelt, sondern durchs offene herausgebrüllt. Na ja, eigentlich schon, gibt Tante Gitta zu.

Die 73-jährige kinderlose Frau hat sich eine gute Anwältin genommen. Eine, die Tante Gitta im Vorfeld überredet hat, auf ihrer Grundüberzeugung, eigentlich ja im Recht zu sein, nicht rumzureiten. Ob sie denn einsehe, dass Kinder spielen müssten, will die Richterin wissen. Eigentlich schon, sagt Tante Gitta, „aber muss des auch sonntags sein?" Sie werde in dieser Sache einen Schiedsmann bemühen. Was im Fußball ja immer eine gute Idee ist.

Gegen die Zahlung von 500 Euro an den Deutschen Kinderschutzbund wird das Verfahren wegen Beleidigung vor dem Amtsgericht eingestellt. Voraussetzung ist, dass sich Tante Gitta zumindest bei Tick und Trick, die draußen vor der Tür als potenzielle Zeugen warten, entschuldigt. Der fünf Jahre alte Track ist im Kindergarten.

Tick und Trick, neun und zwölf Jahre alt, betreten den Gerichtssaal mit ihren Eltern. Sie tragen Zahnspangen, ein freundliches Lächeln und beweisen tadellose Manieren. Tante Gitta macht ein Gesicht wie sieben Tage Regenwetter.

Nach einer kleinen Tirade in schönster Mundart, die von der Unverträglichkeit des Fußballspiels mit himmlischer Ruhe handelt, wird es ernst. „Also … tja … es tut mer eischentlich leid", sagt Tante Gitta zu den Rackern und setzt ein zitronenfrisches Lächeln auf. „Eigentlich …?" bohrt die gestrenge Richterin nach. „Des is die Frankforder Spreschart", stellt Tante Gitta klar, und damit ist eigentlich alles gesagt.

Tick und Trick machen als waschechte Hessen wenig Gewese: Entschuldigung akzeptiert.

Ganovenehre

Am 18. Dezember 2011 wurde Jürgen H. zum echten Verbrecher. Schon früher hatte der 33 Jahre alte Kraftfahrer immer mal wieder was von der ihm anvertrauten Ladung abgezwackt. Aber jetzt wurde es ernst.

Zusammen mit drei Kumpels überfiel Jürgen H. an diesem Tag einen Lastwagen, der eigentlich 1.140 iPads vom Flughafen nach Mailand bringen sollte. Auf der A3 täuschten H. und ein Komplize mit ihrem schwarzen BMW eine Polizeikontrolle vor und lotsten den Laster auf den Parkplatz Stadtwald. Dort bedrohte H. den Fahrer mit einer Pistole, zwang ihn, sich nach hinten in die Fahrerkabine zu legen und fesselte ihm Hände und Füße mit Kabelbindern. Dann fuhr er den Laster auf einen Offenbacher Hotelparkplatz, wo seine Komplizen ihn in aller Seelenruhe ausräumten. Den gefesselten Fahrer ließen sie zumindest körperlich unangetastet zurück.

Mit seinen ehemaligen Komplizen hat Jürgen H. eines gemeinsam: Alle sind Kraftfahrer, alle arbeiteten für Logistikunternehmen am Flughafen. Doch während der junge Mann aus dem thüringischen Eisenach sich mit dem Kauf einer vollfinanzierten Eigentumswohnung und den Unterhaltszahlungen für seine kleine Tochter in den Ruin gewirtschaftet hatte, saßen bei seinen drei Kumpels aus dem ehemaligen Jugoslawien die Geldscheine immer schön locker. Das könne er auch haben, sagten sie Jürgen H. Sie benötigten lediglich einen Beifahrer für einen Job. Einen Job ohne Risiken. 50.000 bis 100.000 Euro seien für ihn drin. Und so wurde Jürgen H. zum Sattelzug-Räuber.

Dass er die Sache quasi allein durchziehen musste, während seine Komplizen sich dezent im Hintergrund hielten, dass er den Fahrer bedrohen und fesseln musste, das war eigentlich nicht geplant. Ebenso wenig wie seine Entlohnung von 25.000 Euro, die ja höher ausgemacht war. Die Differenz erklärten die drei anderen damit, dass die Fracht doch nicht so wertvoll gewesen sei – und steckten sich selbst je 40.000 Euro ein. Der Verkaufswert der Tablets lag bei knapp einer halben Million Euro.

Die Sache flog auf, weil einer der Jugoslawen wohl bei der Hehlerei unaufmerksam war. Vor dem Landgericht kamen die drei – Jürgen H. war man damals noch nicht auf die Schliche gekommen – auf die Idee, einen Türken zu bauen. Der „Türke Ali", sagten sie, sei der eigentliche Drahtzieher des Überfalls, den er gemeinsam mit dem nur vermeintlich überfallenen Fahrer ausbaldowert habe. So seltsam es klingt: Die Lüge funktionierte. Der völlig unschuldige Lastwagenfahrer, der nach dem Unfall wochenlang krankgeschrieben war und psychisch schwer unter den Folgen litt, landete in U-Haft. Und die drei Missetäter standen vielleicht nicht kurz vor dem Freispruch, aber kurz vor einer Bewährungsstrafe.

Da passierte etwas, was sonst nur in Gerichtsshows passiert. Jürgen H., von den Angeklagten in den Zeugenstand gewünscht, um dort die Geschichte von Türken-Ali und dem bösen Fahrer zu erzählen, entdeckte seine Ganovenehre. „Ich wollte nicht, dass ein anderer für mich ins Gefängnis geht", sagt er, „der arme Mensch hat genug Angst gehabt." Und dann redete er. Wie ein Buch. Und belastete sich selbst.

Das Landgericht hatte das jugoslawische Trio im Jahr zuvor zu Haftstrafen zwischen sechs Jahren und sieben Jahren und neun Monaten verurteilt. Seitdem sieht sich Jürgen H. „auf der Straße zweimal um. Mit diesen Leuten spaßt man nicht, und verraten sollte man sie auch nicht."

Das Landgericht verurteilt Jürgen H. nun wegen schweren Raubes und Unterschlagung – er hatte in den Folgemonaten noch dreimal Fracht in Form von Parfüm und Champagner von seinen Kumpels klauen lassen – zu einer Freiheitsstrafe von fünf Jahren und drei Monaten. Wenn er wieder draußen ist, sagt Jürgen H., wird geheiratet – seine Verlobte erwartet ein Kind. So lange kann er nur hoffen, im Bau nicht auf seine drei Kumpels zu treffen.

Härtere Gangart

Eine Jugendstrafe, sagt der Richter am Landgericht dem Schüler zu Beginn seines Prozesses, habe in erster Linie erzieherischen, keinen strafenden Charakter. Ein Geständnis erleichtere dem Gericht diese Arbeit. Und schone das Opfer. Ein Geständnis, sagt der Richter, sei angesichts der Fülle des Beweismaterials eine gute Idee. Und dann gesteht der Schüler. Und gesteht sich um Kopf und Kragen.

Der damals 19 Jahre alte Schüler, sagt der Staatsanwalt, habe in der Nacht auf den 17. März dieses Jahres eine ihm flüchtig bekannte Mitschülerin, die er im Bahnhofsviertel getroffen hatte, unter Drohungen in den Anlagenring verschleppt und dort brutal vergewaltigt.

„Die letzten paar Jahre waren ein bisschen schwierig", beginnt der Schüler sein Geständnis. „Ich war irgendwie so perspektivlos und hab' gar nix gemacht." Außer zu kiffen wie ein Großer, zu saufen wie ein Alter und „irgendwie mit dem Kokain zu hadern", was immer das auch heißen mag. In der Tatnacht hatte er jedenfalls wieder mal viel zu viel intus, um Mutti, bei der er bis zum späteren Zwangsumzug gewohnt hatte, unter die Augen zu kommen. Zudem hatte ihm das Schicksal übel mitgespielt: Im Suff hätten ihm Unbekannte „mein Handy und mein Pfefferspray geklaut".

Unter solch schlechten Vorzeichen trifft er seine Mitschülerin, sie sieht irgendwie traurig aus, er will sie trösten, sie will ihn aber beißen und tut das auch – „nicht um mir wehzutun, son-

44

dern um mich anzutörnen". Das funktioniert erst mal nicht so gut, er, ganz Kavalier der alten Schule, will sie zur U-Bahn bringen. Und verläuft sich im Anlagenring. Sie aber hört nicht auf, ihn zu necken, „wie in so einem Fangen-Spiel", aber es „war schwierig, sie zu führen", und irgendwann sei er vielleicht „etwas handgreiflich in der Gesichtsabteilung" geworden, aber das Luder habe es ja so haben wollen, eben „die härtere Gangart". „Es war keine erhebliche Gewalt, sozusagen", sagt der Schüler, er habe die junge Frau immerhin nicht bewusstlos geprügelt, glaube er zumindest, „wenn man Laute von sich gibt ist man doch nicht bewusstlos". „Sie hat's erwidert", rechtfertigt er die Vergewaltigung, ja eigentlich habe sie die sogar gewollt.

Nach dem „Geständnis" des Schülers ist es im Landgericht lange sehr still. Der jungen Frau, die als Nebenklägerin auftritt, bleibt die Aussage nicht erspart. Während ihrer Vernehmung wird die Öffentlichkeit ausgeschlossen, die bis dahin aber auch wirklich genug gehört hat.

Die Version des Schülers, der angeblich durch nymphomanisches Drängen zum Vergewaltiger wurde, hat einen winzigen Haken. Sein Opfer ist lesbisch.

Beklopft & behämmert

Jemand musste Herrn K. verleumdet haben, denn ohne dass er etwas Böses getan hätte, bekam er eines Morgens Post von seinem Vermieter. Und damit beginnt die Geschichte der Klopfmaschine, an der Franz Kafka seine helle Freude gehabt hätte.

„Zu unserem Bedauern", so schrieb der Vermieter Herrn K. im Dezember 2010, „müssen wir Ihnen mitteilen, dass uns Beschwerden Ihrer Mitbewohner sowie Bewohnern des angrenzenden Nachbarhauses erreichen, die sich über die andauernde Lärmintensität Ihres Wohnverhaltens beklagen. Die Mitbewohner vermuten, dass Sie mit einem Holzlöffel auf einen Topf schlagen, zumindest höre sich das so an." Was ursprünglich nach Kindergeburtstag klang, hat sich mittlerweile zu einer Affäre ausgeweitet, die mittlerweile auch das Frankfurter Landgericht in ihren Bann zieht.

Herr K. ist mittlerweile Frankfurts berühmtester Klopfgeist. Das sieht man ihm nicht an. Er ist ein ruhiger, höflicher Mann, 59 Jahre alt, Aufseher in einem berühmten Museum. Seit März 2010 wohnt er in einer Wohnung, um die ihn viele Frankfurter beneiden würden: zwei Zimmer, beste Lage, vom Balkon hat man einen herrlichen Ausblick auf Dom und Skyline, der Main ist nur einen Steinwurf weit entfernt. Er zahlt für Frankfurter Verhältnisse eine vergleichsweise lächerliche Miete, sein Vermieter ist die Frankfurter Aufbau AG (FAAG), eine städtische Wohnungsbaugesellschaft. Es ist eine zentrale und dennoch ruhige Wohnlage. Wenn's nur nicht so klopfen tät'.

Und es klopft, keine Frage. Jede Nacht. Mal um Mitternacht, mal um 3 Uhr, jedenfalls immer nachts. Es sind zwei, drei Schläge, die sich anhören, als würde ein Schmied auf seinen Amboss hämmern. Ein Holzlöffel, der so klopfen kann, muss erst noch gebaut werden.

Die Klopferei begann wenige Wochen, nachdem Herr K. in das Haus zog, das neben ihm noch neun alteingesessene Mietparteien beherbergt. Für viele Nachbarn stand der Verursacher von Anfang an fest: Herr K., der Neue, müsse einfach die Ursache des Lärms sein. Sie beschwerten sich bei der FAAG. Sie erstellten „Klopfprotokolle". Sie drohten mit Mietminderung. Und spätestens da wurde auch die FAAG hellhörig.

Die Abmahnung, die Herrn K. im Dezember 2010 ins Haus flatterte, brachte keine Linderung. Wie auch? Herr K. leugnete hartnäckig, der Klopfer zu sein. Je vehementer er das bestritt, desto sicherer wurden die Nachbarn: Es kann nur einen geben, und zwar Herrn K.

Oder auch zwei. Denn Herr K., dank der Klopfprotokolle ganz konkreten Vorwürfen ausgesetzt, konnte nachweisen, dass er manchmal gar nicht da war, wenn's klopfte. Mal war er bei Freunden, mal im Museum, wie ihm sein Arbeitgeber schriftlich bestätigte. Es nutzte ihm nichts. Denn mittlerweile war seine Schwester, deren eigene Wohnung renoviert wurde, für einige Wochen bei ihm eingezogen. Herr K. musste sich nun anhören, er habe „seiner Schwester das Klopfen beigebracht".

Es kam, wie es kommen musste: Im Juni 2011 stellte die FAAG Herrn K. die fristlose Kündigung zu. Man habe ein „Spezialunternehmen" beauftragt, der geheimnisvollen Klopferei auf die Spur zu kommen. „Das Messergebnis ergab eindeutig, dass die Schläge aus Ihrer Wohnung kommen und durch Sie verursacht werden." Das entsprach dem, was die Nachbarn von Herrn K. ja schon immer gesagt haben. Etwa Herr L. aus dem Nachbarhaus, den eine Hauswand und vier Stockwerke von Herrn K. trennen, der sich seiner Sache aber dennoch sicher ist und mittlerweile vor Gericht bereits eine satte Mietminderung durchgedrückt hatte. Herr O., der direkte Nachbar von Herrn K., sieht das freilich ein bisschen anders. In einem Brief an die FAAG teilte er mit, dass er es auch klopfen höre – doch das Klopfen „schien mir eher von oberhalb und unterhalb meiner Wohnung, teilweise auch von außerhalb des Hauses zu kommen". Unter Harthörigkeit scheinen die Bewohner des Hauses jedenfalls nicht zu leiden. So berichtet Herr O. im selben Brief, dass er erst unlängst „von einer Nachbarin unter uns auf Geräusche aus unserer Wohnung aufmerksam gemacht wurde. Es handelte sich dabei um das gelegentliche Abstellen eines Bügeleisens auf unserem Holztisch, dem wir daraufhin sofort durch den Kauf eines gepolsterten Bügeltisches abhalfen."

Auch Herr K. tat, was er konnte. Er lud sich Gäste ein, darunter eine Stadtverordnete der Grünen. Bis weit nach Mitternacht saß man in trauter Runde – dann klopfte es wie üblich. Herr K. und seine Schwester schieden in diesen Fällen als Übeltäter aus. Was aber weder die Nachbarn noch die FAAG sonderlich interessierte. Herr K., das behauptete die FAAG nun allen Ernstes, habe eine „Klopfmaschine" gebaut, die auch in seiner Abwesenheit oder ohne sein Zutun Radau schlagen könne.

Spätestens jetzt verabschiedete sich der gesunde Menschenverstand aus der ganzen Geschichte. Zu retten wäre sowieso nichts mehr gewesen: Im Haus herrschte Kleinkrieg, und die Zahl der Parteien, die auf Mietminderung pochten, war auf drei angewachsen. Die FAAG in ihrer Verzweiflung zog nun sämtliche Register – und vor das Amtsgericht. Es sollte eine denkwürdige Verhandlung werden. Denn Ingenieure der FAAG, die offenbar unter disponiblem Zeitüberfluss litten, hatten eigens für die Verhandlung eine „Klopfmaschine" gebaut, eine komplizierte Konstruktion mit Hämmern, Zahnrädern und Fernsteuerung, einen mechanischen Klabautermann, der vor dem Amtsgericht beweisen sollte, dass Herr K. von nah und fern nach Herzenslaune Herrscher über den Rabatz sein könne.

Das Urteil des Amtsgerichts wurde für die FAAG zum Desaster. Das Gericht sah weder ausreichende Indizien, die Herrn K. als Klopfgeist überführen könnten, noch ein Motiv. Der Richter suchte in seiner Urteilsbegründung vergebens nach einem „für das praktische Leben brauchbaren Grad von Gewissheit, der restlichem Zweifel Schweigen gebietet, ohne ihn völlig auszuschließen". Die Klage wurde abgewiesen. Die FAAG ging in Berufung.

Frank Junker, Chef der FAAG, kann das Thema eigentlich gar nicht mehr hören. Aber wie alle Beteiligten wähnt er sich wohl viel zu weit drinnen, als dass er jetzt noch einen Rückzieher machen könnte. Was solle er denn machen, fragt er. Es klopfe nun mal. Die Mieter zahlen immer weniger Miete. Und das Gutachten sage doch eindeutig, dass es aus Herrn K.s Wohnung klopfe. Und wie. Das Klopfen „entspreche der Lautstärke eines Linienflugzeuges mit laufendem Motor, wenn man sich daneben auf dem Rollfeld aufhält". So steht's zumindest in der Berufungsbegründung, im fluglärmgeplagten Frankfurt kann sich das jeder sehr gut vorstellen.

Jetzt wird also vor dem Landgericht zurückgeklopft. Leider ohne Maschine. Die, verspricht Junker, bleibe in der Asservatenkammer der FAAG. Da hätten sich wohl ein paar Mitarbeiter beim letzten Prozess „etwas ausgetobt".

Er könne sich gar nicht vorstellen, dauerhaft weiter in dem Haus zu leben, sagt Herr K., und er wirkt dabei ein wenig traurig. Aber auf diese Art lasse er sich nicht aus der Bude rausmobben. Man hat ihn in die Rolle des Kohlhaas geklopft. Er will sein Recht. Die Nachbarn wollen ihre Ruhe. Aber vermutlich hat das eine mit dem anderen gar nichts zu tun.

Unlängst haben sich Herr K. und Herr Junker persönlich getroffen, auf einer Veranstaltung des Oberbürgermeisters Peter Feldmann. Sie haben einen Gesprächstermin vereinbart. Vielleicht noch im September, eher im Oktober. Unklar ist, ob der Fall dann immer noch beim Landgericht verhandelt wird. Oder schon beim Oberlandesgericht. Oder beim Europäischen Gerichtshof für Menschenrechte.

Aber eines scheint jetzt schon festzustehen: Bis dahin wird weitergeklopft. Von wem auch immer. Jede Nacht. Schlimmstenfalls bis zum Jüngsten Gericht.

Meister Eder und sein Pumuckl

Schreckliche Szenen spielten sich am 20. Juni 2013 im ehrwürdigsten Saal des Römers ab. „Im Kaisersaal herrschte Chaos", erinnert sich Karlheinz Voß im Zeugenstand. „Der Bornheimer Knabenchor weinte." Was war geschehen?

Das klärt das Amtsgericht, wo sich Carl Maria Schulte, 61 Jahre alt, wegen Körperverletzung verantworten muss. Schulte hat schon mal versucht, Frankfurter Oberbürgermeister zu werden. Hat nicht geklappt. Er wollte auch mal Bundespräsident werden. Hat auch nicht geklappt. Er hat sich auch mal für den Bürgerpreis der Sparkasse beworben, was zwar auch nicht geklappt hat, aber immerhin war Schulte als Mitbewerber zur Preisverleihung im Römer eingeladen. Der größte Erfolg des Carl Maria Schulte liegt schon ein paar Jahre zurück: Damals schlich er sich bei einer Veranstaltung zu Ehren von Marcel Reich-Ranicki in einer Babbelpause ans Rednerpult, um seine Sicht der Welt zu erläutern – was die Welt nicht änderte, aber Schulte anderthalb Jahre Hausverbot für die Paulskirche einbrachte. Seitdem gilt er als so eine Art Pumuckl der Frankfurter Stadtgesellschaft.

Diesem Ruf wurde Schulte auch am 20. Juni 2013 gerecht. „Hier ist ein Mief! Hier muss gelüftet werden!" Mit diesen Worten eilte Carl Maria Schulte, der zu spät zur Verleihung des Bürgerpreises gekommen war und in der ersten Reihe Platz genommen hatte, zum Balkonfenster. Protokollchef Karlheinz Voß, eine seiner Mitarbeiterinnen sowie ein Referent des Oberbürgermeisters eskortierten den Brausekopf zurück zu seinem Sitz, die Mitarbeiterin und der Referent setzten sich neben Karlheinz Voß auf den Klavierhocker vor ihm. „Peter, ich kann die Fresse deines Mitarbeiters nicht mehr sehen!", rief Schulte OB Feldmann zu, bevor er aus dem Saal stürmte und Karlheinz Voß dermaßen schubste, dass dieser koppheister über das Piano purzelte und so hart auf dem Kaisersaalparkett aufschlug, dass ihm die Sinne schwanden.

Karlheinz Voß, 62 Jahre alt, ist so eine Art Meister Eder der Frankfurter Stadtgesellschaft. Der Protokollchef des Römers wirkt wie ein Gentleman vom Silberscheitel bis zur Sohle. Er habe sich des Eindrucks nicht erwehren können, Herr Schulte habe „nicht bloß etwas gegessen gehabt", bevor er im Kaisersaal rumrandalierte, sagt er etwa als Zeuge vor dem Amtsgericht.

Als mitleidige Seelen ihn später mittels eines Waschlappens der Ohnmacht entrissen hätten, habe seine erste Frage gelautet: „Ist die Veranstaltung vorbei?" Nein, wurde ihm beschieden, die Verleihung des ersten Preises stünde noch aus. Voß schleppte sich zum Mikrofon. Es gehe ihm gut, versicherte er den Gästen. Aber er sei nicht wichtig. Wichtig sei die „Würde der Veranstaltung". Und diese erholte sich nach Carl Maria Schultes Ausscheiden auch zusehends.

Carl Maria Schulte sagt, er habe doch nur ganz leicht geschubst und stellt unter den Augen seines Anwalts, der zunehmend der Verzweiflung anheimfällt, den Antrag auf ein Sachverständigengutachten, das klären soll, ob Karlheinz Voß nicht vielleicht doch wegen Ohrensausens oder Medikamentenmissbrauchs über das Klavier gestolpert sei. Der Antrag wird abgelehnt, Carl Maria Schulte trotz eines letzten Wortschwalls, der auch durch

Ohrensausen oder Medikamentenmissbrauch erklärbar wäre, zu einer Geldstrafe von 70 Tagessätzen à acht Euro verurteilt.

Das Urteil will Carl Maria Schulte, der zuvor schon mit Hausverbot im Römer belegt worden war, nicht akzeptieren. Der „Privatier und Künstler" (eigene Angaben) redet bereits im Gerichtssaal von der nächsten Instanz, die ihn entlasten und die Schwerkraft als Hauptschuldigen entlarven werde.

Er redet nicht vom Landgericht. Er redet vom Europäischen Gerichtshof für Menschenrechte – „aber nur, wenn Karlsruhe versagt".

Alles für die Katz

Am 2. Juli 2010 sticht Maria in einem Übergangswohnheim in Höchst im Streit achtmal auf ihren Freund Kalli ein. Ein Stich trifft die Lunge, Kalli wird lebensgefährlich verletzt. Beide sind zur Tatzeit besoffen. Die Anklage gegen Maria lautet auf versuchten Totschlag und gefährliche Körperverletzung.

Maria und Kalli sind ein Paar. Sie waren es damals, sie sind es heute noch. Sie ist 30 Jahre alt und arbeitete zuletzt als Kellnerin, er ist 49 und gelernter Feinoptiker. Das Schicksal schweißt die beiden zusammen, als ihr jeweiliger Arbeitgeber sie um den Lohn prellt und sie sich im Ostpark-Containerdorf wiederfinden. Der Ostpark ist so etwas wie der Aufprallort für alle, deren Leben sich im freien Fall befindet. Wer hier landet, der hat sich in der Regel von der Hoffnung auf ein auch nur halbwegs bürgerliches Leben längst verabschiedet.

Sie sind jetzt ganz unten, aber eigentlich gehören sie nicht dorthin und wollen dort auch nicht bleiben. Das Übergangswohnheim in Höchst, in dem sie ein gemeinsames Zimmer beziehen, soll der erste Schritt zurück in ein normales Leben sein.

Sie trinken, wenn auch verhältnismäßig moderat. Ihre Lieblingsdroge ist Sauergespritzter. Sie streiten sich oft, und sie streiten sich wie die Kesselflicker. Aber bevor es eskaliert, hält sie die Klappe, zieht sich zurück und wartet, bis der zeternde Kalli einschläft. Am 2. Juli ist es anders.

Es ist ein schöner Sommertag. Kalli und Maria verbringen den Nachmittag an einem „Zwei-Raum-Kiosk" in Höchst. Maria trifft Bernd. Bernd ist ein „Lokführer mit Hüftproblemen", den sie aus dem Café Sonnenschein kennt, wo sie arbeitete. Bernd geht's nicht gut, Maria hört zu, Kalli wird eifersüchtig. Zu Hause brüllt er sie an, gibt ihr hässliche Namen. Maria nimmt ihre Katze auf den Arm. Kalli schlägt dem Tier ins Gesicht, die Katze flüchtet unters Bett, Kalli tritt nach ihr. Da greift Maria zum Messer.

Vor neun Jahren ist Filou Maria zugelaufen. Die kleine Katze war von ihrer Mutter verstoßen worden, sie litt an Katzenschnupfen, Maria hat sie mit der Pipette aufgepäppelt. Seitdem sind Maria und Filou unzertrennlich.

„Ich hab's nicht so mit Tieren im Haus", sagt Kalli vor Gericht. Er sagt noch mehr. „Ich trage die alleinige Schuld. Ich habe Maria so genervt und die Katze so dumm angemacht, da wäre jeder ausgerastet. Ich schäme mich ohne Ende." Er könne vielleicht nicht viel, sagt Kalli, aber „Leute provozieren, das kann ich". Eigentlich sitze in diesem Prozess die falsche Person auf der Anklagebank. Eigentlich gehöre er dorthin.

Maria schämt sich auch. Wenn die Rede auf die Tat kommt, heult sie Rotz und Wasser. Sie liebe Kalli doch, betont sie immer wieder, damals wie heute wie morgen. Sie habe ihn nicht verletzen oder gar töten wollen. Vielleicht habe sie Kalli gar nicht verdient. Aber dass ihr jetzt der Prozess gemacht werde, das habe sie ohne Frage verdient.

Maria wird wegen gefährlicher Körperverletzung zu einer Bewährungsstrafe von zwei Jahren verurteilt. Für acht Messerstiche ist das lächerlich wenig. „Sie haben bei uns einen sehr guten Eindruck gemacht", sagt der Vorsitzende Richter, selten habe er eine Angeklagte erlebt, „die so authentisch und glaubwürdig wirkt wie Sie".

Maria, Kalli und Filou teilen sich immer noch eine Wohnung. Nicht mehr in einem Wohnheim – beide haben ihre Leben wieder in den Griff bekommen und Arbeit gefunden. Ein großer Tierfreund ist Kalli nach eigenen Angaben immer noch nicht geworden, aber er akzeptiere Filou. Die neue Bude sei ja auch groß genug.

Herr M. wird laut

Alles brüllt. „Starker Tobak, Herr M.", brüllt Herr T. und zeigt mit nacktem Finger auf Herrn M. „Man zeigt nicht mit nacktem Finger auf angezogene Leute", brüllt die Richterin. „Reden Sie doch ein bisschen lauter", brüllt Herr M., „ich verstehe kein Wort, wie soll ich mich denn da verteidigen?"

Gute Frage. Herr M. steht wegen falscher Anschuldigung vor Gericht. Sein Gartennachbar, Herr T., habe ihn im März 2009 im Streit gehauen. Stimmt nicht, sagt Herr T. Er habe sich lediglich verbeten, dass Herr M. schon wieder sein Haus, seine Frau, seine Kinder, sein Auto und seinen Hund fotografiere. Wie er das schon seit Jahren mache. Um zu beweisen, dass T. im Halteverbot geparkt habe. „Halteverbot, da ist Halteverbot", brüllt Herr M., „warum reden denn alle so leise hier?"

Herr M. ist 80 Jahre alt und stocktaub. Vermutlich hat ihm das schon mal jemand gesagt, mit Sicherheit hat er es aber nicht gehört. Herr M. kann auch nur zwei Meter weit sehen. „Aber ich habe immer eine Lupe und eine Kamera dabei", brüllt Herr M., „damit kann ich alles heranholen." Und beweisen.

Vor vier Jahren hat sich Herr M. den Kleingarten neben dem Grundstück der T.s gekauft. „Die heißen Amanatides oder so, ich kann mir diese ausländischen Namen nicht merken", brüllt Herr M. Er kann es nicht leiden, wenn jemand im Halteverbot steht, auch nicht zum Be- und Entladen der Familieneinkäufe. Familie T. kann er auch nicht leiden.

Mit den anderen Nachbarn, brüllt M., habe er ein Superverhältnis. Gut, da habe es einen anderen Nachbarn gegeben, der ihn mal wegen Körperverletzung angezeigt habe. Aber der habe angefangen mit dem Ärger, „da hab' ich ihn mal richtig verdroschen, seitdem ist Ruh'". Und ein anderer Nachbar habe ihn mal wegen Beleidigung angezeigt. Da sei er auch verurteilt worden. Aber sonst: Superverhältnis.

„Wollen wir uns nicht einfach vertragen", fragt Frau T. schüchtern im Zeugenstand, „der ewige Streit ist für uns nicht schön, und für Sie doch sicher auch nicht." Aber auf dem Ohr ist Herr M. taub. Er habe in seiner Jugend mal geboxt, brüllt M., „so einfach falle ich nicht um".

Als er sich bis an den Rand der Entmündigung gebrüllt hat, setzt die Richterin die Verhandlung aus. M. soll einen Pflichtverteidiger bekommen, damit er sich nicht um Kopf und Kragen schreit. „Ich brauche keinen Verteidiger", brüllt Herr M., „ich kann mich nur nicht verteidigen, weil hier alle flüstern."

Der Rest ist Schweigen.

Von Musen & Mäusen

Kunst und die Frankfurter Justiz, das waren schon immer zwei Paar Schuhe. Wo hört die Kunst auf, wo fängt der Ernst des Lebens an? Das Gericht kann und will da keine klare Grenze ziehen.

Manchmal versucht sie das. Vor Jahren stand der greise Otto G. mal wieder vor dem Landgericht, ein durchaus fideler gerichtsnotorischer Rentner, der sich in den Sälen der Frankfurter Justiz durch so manch verlorene Schlacht seinen nom de guerre „Geiler Otto" unredlich verdient hatte. Jener Otto wurde damals beschuldigt, mehrere Frauen unter dem Vorwand, sie als Akt zeichnen zu wollen, in seine Wohnung gelockt zu haben.

Gezeichnet hatte Otto sie dort dann zwar auch, aber das war nicht der Anklagepunkt, auch wenn die Zeichnungen laut Gerichtskritik lausig schlecht waren und nicht einmal einem Achtjährigen zur Ehre gereicht hätten. Otto hatte damals schon fast das Zehnfache auf dem Buckel, aber auch eine hervorragende Verteidigungsrede in petto: „Herr Staatsanwalt, ich hatte 10.000 Frauen! Wieviele hatten Sie?", fragte Otto von der Anklagebank, und der Staatsanwalt musste sich zumindest in diesem Punkt geschlagen geben.

Im Grunde hatte Otto damals nichts anderes gesagt als der Hofmaler Conti, der in Lessings „Emilia Galotti" auf die Frage des Prinzen Hettore Gonzaga, was denn die Kunst so mache, mit „Die Kunst geht nach Brot" antwortet. Will heißen: Kunst mag ja schön und gut sein, aber man will auch mal was in der Hand haben.

Das denken sich derzeit auch drei fidele Brüder, szenebekannte Club-Betreiber, die von einer Bank drei Millionen Euro Schadensersatz einklagen wollen. Sie hatten sich die Inneneinrichtung für ihren 2012 pleitegegangenen Club vom Frankfurter Giga-Künstler Tobias Rehberger (419.000 Google-Treffer) gestalten lassen. Mit der Zwangsräumung des Clubs durch die Bank verschwand auch die Kunst. Vernichtet, verscherbelt oder verschenkt, klagen die Brüder. Den Krempel habe ja keiner abholen wollen, sagt die Bank, die nicht mehr wisse, wie und wo sie ihn entsorgt habe.

Ein Manager dieser Bank wurde nun am Mittwoch vom Gericht befragt, ob er denn gewusst habe, dass er hier womöglich Perlen des Biennale-Gewinners Rehberger vor die Säue werfe. „Man hat mir schon gesagt, dass das irgendwie Kunst ist", antwortete der Manager, aber das mit der Kunst sei eben so eine Sache, „wo fängt die Kunst an und wo...". „Das müssen wir hier nicht klären!", fiel ihm der Richter gnädig ins Wort und ersparte so allen Anwesenden eine fruchtlose Grundsatzdebatte.

Denn da liegt kein Segen drauf. Der Volksmusikantendarsteller Stefan Mross weigerte sich aus gutem Grund, den Banausen vom Frankfurter Landgericht 2001 im sogenannten Trompeterkrieg was vorzublasen und so zu beweisen, dass er doch ein echter Musiker sei, der seine Titel selbst einspiele. Mross musste schließlich dem Sachverständigen Max Sommerhalder etwas vortrompeten, der Mrossens Technik als „stümperhaft" und „feld-, wald- und wiesenmäßig" einstufte. Aber Sommerhalder war auch Professor an der Hochschule für Musik Detmold und kein Frankfurter Richter. Ob denen der feine Unterschied überhaupt aufgefallen wäre, darf mit Fug und Recht bezweifelt werden. Wenn aber jemand versucht, mit Kunst eine Schnitte zu machen – dafür haben die Frankfurter ein feines Näschen, da sind sie vom Fach.

Wenn der Chabo mit dem Notz dratst

Man muss als Richter mit der Zeit gehen. Dazu gehört nicht nur das Studium der „Neuen Juristischen Wochenschrift". Mussdu auch Facebook gucken, Alder, ich schwöre. Weil du sonst null checkst, was die Honks, die du verknacken sollst, eigentlich sagen wollen.

„Babo" ist zum Jugendwort des Jahres gewählt worden. „Babo" bedeutet so ungefähr Obermotz, Klops der Klopse, Numero Uno, Oberster Käse. Im Gegensatz zum „Chabo", der nicht so viel zu melden hat. Bei Gericht ist es so, dass der Richter der Babo ist. Viele Angeklagte rekrutieren sich hingegen aus der Kaste der Chabos. Das führt oft zu Missverständnissen. Die Chabos wissen nicht, wer der Babo ist. Und der Babo versteht nicht, was die Chabos ihm erzählen wollen.

Vor nicht allzu langer Zeit stand vor dem Frankfurter Landgericht ein solcher Chabo. Er hatte einen anderen Chabo ein bisschen mit dem Messer geritzt. Im Kern ging es um die Frage, warum zur Hölle der Angeklagte überhaupt ein Messer mit sich geführt habe, wo er doch – zumindest nach eigenen Angaben – gar nicht vorhatte, seinen Spezi zu stechen. Nun verlief die Diskussion auf verschiedenen semantischen Ebenen. „Was wolltest du mit dem Dolche? Sprich!" – so ungefähr fragte der Richter. „Ich wollte den tollschocken", sagte der Angeklagte. „Sie wollten ihn schockieren?" fragte der Richter. „Ich wollte den tollschocken", sagte der Angeklagte. „Sie wollten ihn also ganz toll schockieren?" fragte der Richter. „Ich wollte den tollschocken", sagte der Angeklagte. Ganz langsam und deutlich, als wolle ein Erwachsener einem doofen Kind erklären, dass man sich nicht mit bloßem Hintern auf die heiße Herdplatte setzt. Da gab der Richter auf.

Nun ist es so, dass das Wort „Tollschocken" Anfang der 60er vom britischen Autor Anthony Burgess für seinen Roman „A Clockwork Orange" erfunden worden war. Das Sprachengenie Burgess suchte für eine Bande pubertierender Gewaltverbrecher ein angemessenes Idiom, und er hob „Nadsat" aus der Taufe, eine Kunstsprache, die sich aus Russisch, Londoner Cockney, Gypsy Slang und Kinderbrabbelei zusammensetzt. „Tollschocken" heißt dort so viel wie zusammenschlagen.

Was der Angeklagte sagen wollte, war: „Gar nichts wollte ich mit dem Messer. Ich wollte ihm eins in die Schnauze hauen. Das mit dem Messer hat sich dann halt so ergeben." Beim Richter kam an: Der Kerl ist ein Vollidiot und Trunkenbold, der seinen Freund mit dem Messer stechen wollte. Oder, auf gut Nadsat: Der Maltschik ist ein Glupjek und Pyanitsa, der seinen Droog mit dem Notz dratsen wollte. Der Angeklagte hingegen muss den Richter für einen Starri und Sophisto gehalten haben.

Die ganze Geschichte nahm ein einigermaßen versöhnliches Ende. Der Richter, fest überzeugt, dass ein dummer August im Zuchthaus nicht klüger werde, verurteilte den jungen Mann zu einem Anti-Aggressions-Seminar und gemeinnütziger Arbeit (Nadsat: Govorit & Robotten).

Es kann auch schlimmer kommen: Ein Jugendrichter fuhr einstmals aus der Haut, weil er von vermeintlich manierenfreien

Lausbuben mehrfach mit „Digger" angeredet worden war. Was aber keinesfalls bedeuten sollte, dass der Richter eine Riesenplautze gehabt hätte. „Digger" bedeutet im HipHoppischen so viel wie „Kollege". Zugegeben: auch nicht gerade respektvoll.

Sport ist Diebstahl

Es gibt viele dumme Diebe. Heinz-Jürgen Z. (31 Jahre) und Peter W. (32) gehören nicht dazu. Die Masche, die ihnen die Staatsanwaltschaft vor dem Landgericht vorwirft, ist einfach, aber genial. Innerhalb von neun Monaten sollen sich die beiden etwa 37.000 Euro zusammengeklaut haben, aus Autos, die laut Staatsanwaltschaft zwecks „Ausübung sportlicher Freilaufaktivitäten" geparkt waren. Sprich: Z. und W. beklauten Volksläufer, Jogger, Pilzsammler.

Sie gingen dabei, sagt die Staatsanwaltschaft, behutsam zu Werke. So behutsam, dass die Ermittler bis heute nicht wissen, wie die Autos geknackt wurden – per „Überdrehung", vermutet die Staatsanwaltschaft. Bargeld, Handys und andere Wertgegenstände ließen sie im Auto zurück. Lediglich EC- und Kreditkarten nahmen sie mit – und besorgten sich die dazugehörigen Pin-Nummern aus ungesicherten Handys oder Notizblöcken, die die Jogger im Auto zurückgelassen hatten. Dann hoben sie auf Teufel komm raus ab – so lange, bis der Kreditrahmen ausgereizt war oder die Bestohlenen die Karten sperren ließen. Was manchmal Tage dauerte – durch ihr spurenloses Vorgehen merkten die Opfer oft erst Tage später, dass sie welche geworden waren.

Einen wackeren Sportsmann kostete so seine Teilnahme am Koberstädter Wald-Marathon bei Egelsbach 9.000 Euro – plus Gebühren für Fremdbankabhebung. In Frankfurt bezahlte ein Läufer mit 2.500 Euro beim „Lauf gegen das Vergessen", dass er Handy und Karten im Auto vergessen hatte. Eine Frau stellte bei ihrer Rückkehr zur Oberschweinstiege fest, dass die geführte Pilz-sammlung durch den Frankfurter Stadtwald ihr wohl das teuerste Pilzgericht aller Zeiten beschert hatte: gut 5.500 Euro Verlust.

Kein Lauf schien vor den beiden sicher. Ob beim Mannheimer Volkslauf oder dem Berglauf in Eppstein: Überall schlugen die beiden zu, ist die Staatsanwaltschaft sich sicher. Der Apfellauf in Weilmünster war dem Duo nicht heilig, auch beim Mainufer-lauf in ihrer Heimatstadt Offenbach sollen die beiden keine Hemmungen gekannt haben.

Die Angeklagten sitzen bereits in Haft – das Darmstädter Land-gericht hat sie wegen beinahe identischer Delikte zu mehrjähri-gen Haftstrafen verurteilt. Vor dem Frankfurter Landgericht sind die beiden, die sich zur Sache nicht äußern, dennoch sicht-bar guter Dinge und lächeln, als ob sie ein kleines bisschen stolz auf ihre Bubenstücke seien.

Wären die beiden Sportler, könnte man sagen: Sie sind moti-viert, mental gut drauf. Das liegt vielleicht auch daran, dass cle-vere Klauer sich clevere Anwälte nehmen. Ulrich Endres und Armin Golzem ist es ein Vergnügen, so lange in die Anklage zu pieksen, bis diese wie ein Soufflé in sich zusammensinkt. Abhe-bungen und Diebstähle, die nicht fotografisch festgehalten sind, können keinem der Angeklagten eindeutig zugeordnet werden. Ursprünglich sind beide als Mittäter angeklagt – das Gericht aber stellt bereits am ersten Verhandlungstag etwa die Hälfte der angeklagten 70 Fälle ein, denn so unrecht, meint die Kammer, hätten die Anwälte mit ihrer Kritik wohl nicht. Die geladenen Zeugen werden erst mal wieder ausgeladen, die Anklage gründ-lich überarbeitet.

Was übrig bleibt, dürfte vielleicht dazu geeignet sein, die bereits vom Landgericht Darmstadt verhängte Strafe ein wenig zu verschärfen. Ansonsten aber könnte es sich mit dem Prozess in Frankfurt so verhalten wie mit der Arbeitsweise der beiden Angeklagten: Sie wird wenig Spuren hinterlassen. Dennoch dürfte die Ausübung sportlicher Freiluftaktivitäten für die kommenden zwei, drei Jahre bei den beiden auf den Innenhof des Gefängnisses beschränkt bleiben. Da muss man sich wenigstens keinen Kopf um Handys und Geldbörsen machen.

Der Hamster des Ibykus

Der Hamster hatte lange tatenlos zugesehen. Aber eines Tages war es genug, und der Hamster stand auf, um der Wahrheitsfindung zu dienen. Und die Gerechtigkeit nahm ihren Lauf.

Der Hamster lebte früher einmal beim Räuber und der Sekretärin. Da war der Räuber nur noch kein Räuber, sondern Fahrradschrauber. Der Chef hatte ihn aber nach der Probezeit nicht übernommen, weil er der Meinung war, in ihm schlummere zu viel Aggression. Da irrte der Chef, denn von Schlummern konnte keine Rede sein.

In der Sekretärin aber schlummerte nichts, die war vom Chef nach guten Diensten an der Info-Theke des Frankfurter Fahrradladens befördert worden. Nun war das aber kein gewöhnlicher Fahrradladen, sondern ein Mordstrumm von einem Laden, ganz was Modernes. Und abends gesichert wie Fort Merckx. Nur zugänglich mit elektronischen Schlüsseln, die allein die Mitarbeiter hatten. Nun fand die frisch beförderte Sekretärin auf ihrem neuen Arbeitstisch den Schlüssel eines Mitarbeiters, der kurz zuvor gekündigt hatte, und steckte ihn ein, für irgendwas musste das Ding ja gut sein. Und schleppte ihn nach Hause zum Räuber, der damals noch kein Räuber war, aber bereits ihr Gspusi, und zum Hamster.

Dort schmiedeten die Sekretärin und ihr Schrauber ihren perfiden Plan, den sie an einem Samstagabend in die Tat umsetzten. Der Tresor des Fahrradladens war voll, tags zuvor hatte es eine

Rabatt-Aktion gegeben, und die beiden Übeltäter wussten, dass der moderne Fahrradladen in einer Hinsicht sehr altertümlich war: Hier arbeitete der Chef noch selbst. Und zwar chronisch am längsten. Als nur noch Chef und Sekretärin anwesend waren, verschaffte sich der Schrauber mit dem Schlüssel des Ex-Kollegen Zugang. Und wurde zum Räuber. Oder besser: beinahe. Denn der Plan hatte einen Haken. Um von seinem Ex-Chef nicht erkannt zu werden, hatte sich der stark tätowierte Räuber von Kopf bis Fuß vermummt. Und damit der ihn nicht an seiner Stimme erkennen könne, hatte er sich Schweigen auferlegt. Der Plan: Ein maskierter Mann mit Pistole spreche für sich selbst.

Tat er nicht. Statt den Tresor zu öffnen, setzte der überrumpelte Chef auf Verteidigung, als der Räuber ihm zu Begrüßung die Pistole ins Gesicht schlug. Der Chef war ein zäher Kerl: nur 1,70 Meter groß, aber ein versierter Marathonläufer, der rund achtzigmal im Jahr zum Wettkampf antrat und sogar schon einmal auf den Kilimandscharo raufgeklettert und anschließend durch die halbe afrikanische Steppe gejoggt war. Es gelang ihm, dem deutlich größeren und schwereren Räuber die Pistole zu entwinden. Er feuerte auf ihn. Die Pistole klemmte. Und dann schlug der Räuber den Chef brutal zusammen. So brutal, dass er irgendwann erkennen musste, dass sein Opfer gar keinen Tresor mehr öffnen konnte. Er floh ohne Beute.

Der Chef, das hat das Landgericht Frankfurt attestiert, als es den Räuber wegen gefährlicher Körperverletzung zu sechs Jahren und die Sekretärin wegen Beihilfe zum versuchten Raub zu zweieinhalb Jahren verurteilt hatte, hat sich von den Schlägen und Tritten nie erholt und bekommt heute gerade mal sechs Kilometer leichten Dauerlauf hin.

Dass er überhaupt gerächt wurde, verdankt er dem Hamster. Denn in dessen Käfig, versteckt unter feinstem Hamstersand, versteckten die Übeltäter das Corpus Delicti: den elektronischen Schlüssel des Ex-Kollegen. Und auf diesem lag der Hamster faul und dröge, als die Polizei vergebens die Wohnung der beiden nach Beweismaterial durchsuchte. Doch als die Beamten gerade gehen wollten, da stand er auf, der Hamster, und unter ihm blitzte der Schlüssel. Und es gestanden die Bösewichter, getroffen von der Rache Strahl.

Der Räuber versucht seit gestern, durch Berufung vor dem Landgericht sein Strafmaß zu drücken. Und der Hamster? Dessen Spur verliert sich, seit ihn die Polizei damals laut Nachrichtenagentur dpa aus Dankbarkeit für 24 Stunden mit Speis und Trank versorgt hatte – schließlich schmachteten seine Besitzer im Bau. Wo immer er auch sein mag: Als Zeuge konnte er am Dienstag nicht geladen werden.

Der Revisor

Klaus S. schaut gerne mal genauer hin. Das ist löblich und steht einem, der seit 1994 Leiter der Revision des Hessischen Rundfunks ist, gut zu Gesicht. So ist ihm etwa aufgefallen, dass „im ,Tatort' zu viel geraucht wird". Vielleicht, mutmaßt der Revisor, habe da „die Zigarettenlobby" ihre nikotingelben Finger im Spiel.

Vor dem Frankfurter Landgericht zeigt der 55-jährige Revisor als Zeuge im Prozess gegen den Ex-HR-Sportchef Jürgen Emig aber auch, dass er eine vertrauensvolle Seite hat. Im Juni 2003, nachdem sich die Presseberichte häuften, hatte HR-Intendant Helmut Reitze den Revisor damit beauftragt, zu untersuchen, ob da womöglich „Vetternwirtschaft" betrieben werde. „Reitze war es sehr wichtig, den Fall Emig geklärt zu haben." Nach Gesprächen mit Emig und Harald Frahm, Emigs Mitangeklagtem und Strohmann bei der Marketingagentur SMP, habe er aber „keinen konkreten Verdacht" gehabt, dass Emig und Frahm mehr als nur Geschäftspartner waren und Emig in die eigene Tasche wirtschaftete. „Bei einem Verdacht hätte ich in einer ganz anderen Form geprüft." Vielleicht gar in die Bücher der SMP geschaut, was er mangels Verdacht aber nicht tat. Er habe lediglich nachgeprüft, ob die SMP bei den Auftragsvergaben bevorzugt werde. Für alles andere habe er kein Mandat gehabt, das sei „nicht dezidiert gesagt" worden – „Was außerhalb des HR stattfand, dem bin ich nicht nachgegangen."

So entstand im August 2004 ein abwiegelnder Bericht über Emigs Aktivitäten. Am 31. März 2005 war dann plötzlich alles anders. Auf den Vorschlag des HR-Sportredakteurs Werner Damm hin suchte der Revisor an diesem Tag das Gespräch mit Triathlon-Veranstalter Kurt Denk und ließ sich auch die Bücher zeigen. Denk hatte sich zuvor bei Ministerpräsident Roland Koch über die exorbitanten Summen, die der HR für eine Übertragung verlange, beschwert. Denks Bücher zeigten, dass es eine ordentliche Differenz zwischen dem gab, was die SMP Denk abgeknöpft und was sie an den HR weitergeleitet hatte. Auf einmal war er da, der schlimme Verdacht.

Der zweite Bericht des Revisors wurde weniger schmeichelhaft und landete auf dem Tisch Reitzes – zeitgleich mit dem ersten, zahmeren. Dass dieser mehr als ein halbes Jahr auf Eis gelegen hat, dafür nennt der Revisor gleich mehrere Gründe. Zum einen habe er schlicht andere Prioritäten gesetzt und Sachen erledigt, die keinen Aufschub geduldet hätten.

Zudem hätte er ja in dieser Zeit noch keine krummen Dinger gewittert. Und nicht zuletzt sei er ein begeisterter Wintersportler, der öfters zum Skifahren in die Berge verschwunden sei. „Eine unglückliche Datumsübereinstimmung" nennt der Revisor das heute.

Unglücklich ist er auch über die Tatsache, dass die Staatsanwaltschaft die mangelnde Kooperationsbereitschaft des HR rügt. Man habe die Staatsanwaltschaft stets „aktiv unterstützt" – wenn man einige Akten zurückgehalten habe, dann nur, um selbst noch besser, noch schneller, noch gründlicher aufzudecken. Die Frage des Staatsanwaltes, ob sich im Besitz des HR womöglich ein Fotokopierer befände, muss der Revisor bejahen.

Wie unglaublich perfide und raffiniert das System Emig/Frahm gewesen sein muss, wird noch einmal deutlich, als der Revisor von seiner ersten Unterhaltung mit Frahm berichtet, den er als „kompetent und seriös" erachtete. Obwohl der Revisor bar jeden Argwohns war, schüttelte ihm Frahm zum Abschied die Hand und sagte: „Herr S., Sie können ganz sicher sein: Ich bin kein Strohmann." Die Frage des Richters, ob nicht spätestens da ein Verdacht aufkeimte, muss der Revisor verneinen.

Der Dämon

Manche Menschen müssen ein Leben lang gegen ihren ganz eigenen Dämon kämpfen. So wie Max. Sein Dämon heißt ausgerechnet Hui Buh. Das macht den Kampf nicht lustiger.

1982 wird Max in Offenbach geboren, er wächst in Frankfurt und Umgebung auf. Mit vier hat Max seinen ersten Tennisschläger in der Hand. Mit 14 tingelt er bereits über Europas Tennisplätze, macht den Realschulabschluss. Ist mit 17 Profi. Er hat Talent. Max bringt es bis zur Nummer 173 der Weltrangliste. Er nagt nicht am Hungertuch, er lebt in einer Welt der teuren Hotels und der teuren Versuchungen: teure Frauen, teures Kokain, teurer Alkohol. Max erliegt ihnen allen.

1999 hat Max das Spiel seines Lebens vor sich. Er steht im Finale des Orange Bowl in Miami, der inoffiziellen Junioren-WM. Sein Gegner: Andy Roddick. Max verschläft.

Er erreicht den Court in letzter Minute, in der einen Hand den Schläger, in der anderen ein Croissant. Er ist nicht bei der Sache, verliert den ersten Satz 1:6. Den zweiten gewinnt er im Tiebreak. Den letzten verliert er knapp mit 4:6. Roddick gewinnt das Spiel und einen Sponsorenvertrag über eine halbe Million Dollar. Max bleiben 20.000.

Roddick steht heute weit oben in der Weltrangliste. Max steht vor dem Frankfurter Amtsgericht. Die Anklage: gewerbsmäßiger Betrug und Computerbetrug, Diebstahl, Urkundenfälschung. Denn nach dem Spiel trennen sich die Wege der beiden Profis. Der von Roddick geht nach oben, Max steigt ab. Zwar wird er 2003 noch einmal Deutscher Meister im Einzel und Doppel, aber dann sinkt sein Stern.

Er fällt raus aus der Liste der 400 besten Spieler – das sind die, denen die Veranstalter Flüge und Hotels bezahlen. Max muss dafür nun in die eigene Tasche greifen. Aber da ist nichts mehr.

Und jetzt wird's kriminell. Max beklaut Freunde, Nachbarn, Sportskameraden. Er fischt EC-Karten und Pin-Codes aus dem Briefkasten. Er fälscht Unterschriften, stellt Schecks auf sein eigenes Konto aus. Erschleicht sich fremde Kreditkartennummern und geht im Internet shoppen.

Anfangs finanziert er mit dem Geld noch seine Reisen, aber da sind ja noch die Versuchungen, die Max aus seinem früheren, besseren Leben kennt und von denen er nicht lassen kann. Im September 2007 wird Max beim Turnier in Metz positiv auf Kokain getestet und gesperrt. Im November 2008 wird er verhaftet.

So schafft er es wieder in die Zeitungen. Wenn er mit der geklauten EC-Karte abhob, zog er sich zur Tarnung ein Bettlaken mit Augenlöchern über. Der Boulevard macht ihn zu „Hui Buh", zeigt sein Gesicht, mal mit, mal ohne Betttuch. Max ist jetzt ein Schlossgespenst, ein Geächteter, eine Witzfigur.

Aber er ist vielmehr eine tragische Figur. Der junge Mann bricht in Tränen aus, als sein Anwalt Ulrich Endres erzählt, wie es ihm im Knast von Weiterstadt ergehe. Jeden Tag bekomme er dort

Besuch von Mithäftlingen. Er sei doch Hui Buh, der ehemalige Tennisprofi, der müsse doch Geld haben, nix wie her damit. In der Knastrangliste ist Max weit unten.

Er wolle wieder Profi werden, sagt er, er sei ja mittlerweile wieder clean, vielleicht einmal als Trainer arbeiten, Geld verdienen, den Schaden wiedergutmachen. „Ich will doch Tennis spielen", sagt er, „ich habe immer Tennis gespielt und werde immer Tennis spielen. Das ist mein Traum." Das ist es, was er gelernt hat. Das ist alles, was er kann.

Das Amtsgericht verurteilt ihn zu einer Freiheitsstrafe von einem Jahr und vier Monaten auf Bewährung. Demnächst erwartet ihn ein neuer Prozess wegen ähnlicher Delikte. Vielleicht gelingt es ihm, auch den glimpflich zu überstehen.

Aber danach wird er mit dem Dämon leben müssen. Der Weltranglistenplatz 173 hat ihn zur Person des öffentlichen Lebens gemacht. Deren Namen dürfen unverändert in der Zeitung genannt werden, wenn sie vor Gericht stehen. Deren Bilder werden nicht verpixelt. Max war gut, Hui Buh ist berühmt, und Max ist jetzt Hui Buh. Der Weg zurück zu Max wird ein weiter sein.

Benzin im Blut

Über 3er-BMW-Coupé-Fahrer gibt es jede Menge Klischees. Auf Serafettin G. treffen sie alle voll zu. Am frühen Abend des 25. April 2010 benimmt sich G., als wolle er auf der Leistungsschau für hirntote Raser den ersten Preis abstauben. Er ist in seinem mattschwarzen BMW auf der A5 unterwegs. Zwischen dem Gambacher Kreuz und Frankfurt lässt er nichts aus, was nicht irgendwie auch nach Flensburg fährt: Er rast, drängelt, überholt rechts und links, fährt zu dicht auf, überholt zur Not auch mal auf der Abfahrtsspur. Blinklichter lehnt G. als unnützen Tinnef ab, denn, so glaubt er, auch die Lichthupe schaffe Respekt und klare Verhältnisse.

Das geht solange gut, bis er Matthias R. von der linken Fahrspur, auf der dieser gerade überholt, weglichthupen will und mangels Erfolg rechts überholt. Matthias R., 26, ist Polizeikommissar von Beruf. Über Polizisten gibt es jede Menge Klischees. Matthias R. lässt einige von ihnen aus. Er trägt etwa keinen Oberlippenbart. Und ist auch ansonsten eher von der liberalen Truppe: „Normales Rechtsüberholen hat man ja immer mal, da sag' ich ja gar nix gegen." Aber als er sieht, wie Serafettin G. vor ihm die Autobahn weiter als Kegelbahn missbraucht, platzt ihm der Kragen. Er informiert über Telefon die Kollegen, die G.s wilde Fahrt an der Ausfahrt Westhafen endlich stoppen.

Dort zeigt sich Serafettin G. eher uneinsichtig. Ebenso wie vor dem Frankfurter Amtsgericht, vor dem er sich wegen Straßenverkehrsgefährdung und Nötigung verantworten muss – aber keinen Schimmer hat, warum dem so ist. Der Polizist R. müsse

„sehr viele Märchen oder Romane gelesen" haben, um auf solch abstruse Ideen zu kommen. Er gehöre zudem offensichtlich zu den Menschen, „die gesundheitlich nicht in der Lage sind, am Straßenverkehr teilzunehmen". Fakt sei doch, dass er, Serafettin G., in gewohnt defensiver und vorausschauender Weise gefahren sei, während R. und ein Komplize, die sich vorher abgesprochen hatten, die Autobahn blockierten, weil sie es aus unerfindlichen Gründen „auf meinen Lappen abgesehen haben". Er sei in Eile gewesen, seine damals schwangere Freundin habe dringend auf die Toilette gemusst, und irgendwann habe er eben „ganz vernünftig rechts überholt". Mit viel Sicherheitsabstand. Alldieweil: „Ich meide solche Leute, wo nicht Autofahren können."

Langsam wird's lustig im Gerichtssaal. Serafettin G., der auf einen Anwalt verzichtet hat, redet sich um Kopf, Kragen und Zündschlüssel. „Von solchen Visagen muss die Autobahn befreit werden", fordert er mit Blick auf R. den Richter auf. Der macht G. klar, dass er ihm ein Ordnungsgeld von 300 Euro aufbrummen werde, wenn er sich nicht sofort bei dem Zeugen entschuldige. „Schul'jung" nuschelt G. wie ein trotziges Kind, das sich das Kekseklauen nicht verbieten lassen will. Schließlich sei er, Serafettin G., der Genötigte. 90 Kilometer pro Stunde habe er gezwungenermaßen fahren müssen. Wo doch 120 erlaubt seien. „Da fühlt man sich nach gewisser Zeit doch verarscht."

Genauso geht's allerdings auch Richter Frank Füglein, der in seinem Urteilsspruch eine rechtschaffene Kasperklatsche führt: Sechs Monate Freiheitsstrafe auf Bewährung, drei Monate Fahrverbot, 1.500 Euro an den Malteser-Hilfsdienst. „Wer sich gehen lässt, muss sich fahren lassen", schreibt Füglein Serafettin G. ins Stammbuch. „Wer bis zum Schluss behauptet, dass nur die anderen ‚Visagen' die Schlechten sind, hat nichts verstanden: nicht, warum er hier sitzt, nicht, wie man fährt." Serafettin G. macht ein Gesicht, als habe er nicht verstanden. „Wo ist die Rechtslage?", fragt er sich. Auch seine 21-jährige Freundin ist schockiert. „Stimmt doch gar net", so ihr justizkritisches Urteil. Nach der Verhandlung geht's im 3er-BMW-Coupé ab nach Hause. Noch darf Serafettin G. ans Steuer. Was er auch tut. Das mittlerweile geborene kleine Töchterlein kommt im Kindersitz auf die Rückbank. Anschließend wird erst gegurtet, dann gestartet. Vorschriftsmäßig. So geht's doch auch.

Weißer Schimmel

Manchmal streift das Landgericht durchaus auch durch philosophische Gefilde. So etwa am Dienstag. Auf der Anklagebank sitzt Johannes M., 64-jähriger Polizeibeamter. Vorgeworfen wird ihm Verletzung des Dienstgeheimnisses. Die Geschichte ist schnell erzählt: Irgendwann trifft der Polizist M. den Privatdetektiv T., man ist sich sympathisch, freundet sich an. Im Jahre 2005 wird T. von Frau N. engagiert, die sich in einem hässlichen Rechtsstreit mit ihrem Ehemann befindet. Es geht um Unterhalt. Sie glaubt, dass er ihr Mieteinnahmen unterschlägt. T. bittet seinen Kumpel M., für ihn zu recherchieren. M. tut das auch. So weit, so schlecht.

Jetzt ist der Verrat von Dienstgeheimnissen erst einmal eine disziplinarrechtliche Angelegenheit. Wann's strafbar wird, regelt Paragraf 353b des Strafgesetzbuches: Strafbar ist demnach, wer als Amtsträger Geheimnisse ausplaudert und damit „wichtige öffentliche Interessen gefährdet". Nun sei es in der Rechtsprechung zwar keine unübliche Meinung, dass jeder Geheimnisverrat eines Polizisten das öffentliche Interesse gefährde, weil dies „das Vertrauen auf die Integrität staatlicher Behörden" untergrabe, so Richter Ulrich Fidora. Wenn aber ohnehin jeder Geheimnisverrat eines Polizisten das öffentliche Interesse gefährde, dann sei der Zusatz im Gesetz ja völlig überflüssig. „Das ist, meine ich, tautologisch", sagt Fidora, „so etwa wie ein weißer Schimmel" – und liegt damit nur knapp daneben.

Denn der weiße Schimmel ist eigentlich ein Pleonasmus, was aus dem Griechischen kommt und „Überfluss" bedeutet. Während eine Tautologie auch was Griechisches ist, „dasselbe Sagendes" bedeutet und die Aneinanderreihung sinnverwandter Wörter meint, die dasselbe bedeuten, wie etwa „ganz und gar". Ob aber pleonastisch oder tautologisch betrachtet: Die Frage, ob die öffentliche Sicherheit verletzt worden sei, verneint Fidora. Johannes M., der vom Frankfurter Amtsgericht wegen des Geheimnisverrats zu einer Freiheitsstrafe von einem Jahr verurteilt worden war, dagegen aber Berufung eingelegt hatte, wird freigesprochen. Was für ihn bedeutet, dass er seine Pension in vollem Umfang behalten kann. Seinen Kumpel, den Detektiv, erwartet wohl bald eine Anzeige wegen Falschaussage – er hatte sämtliche Vorgänge bestritten.

Was völlig anderes sei es ja, sagt Fidora, wenn ein Polizist einen Straftäter vor einer bevorstehenden Verhaftung warne, da sei das öffentliche Interesse massiv verletzt. So aber werde M. noch ausreichend an den dienstrechtlichen Konsequenzen zu knabbern haben, die Verfehlungen zwangsläufig mit sich brächten. Die Vermutung liegt nahe, dass es sich bei Ulrich Fidora um einen weisen Richter handelt. Was zwar kein Pleonasmus ist, aber einer sein sollte.

Der Zorn des Khan

Das Leben ist kein Bollywood-Film. Bollywood, so nennt man die indische Filmindustrie, und deren Produkte funktionieren so: Mann liebt Frau, Frau liebt Mann, meistens aber nicht gleichzeitig und immer mit vielen Hindernissen. Die sind am Ende fort, und es wird gesungen und getanzt. Alles sehr bunt. Der unangefochtene Superstar der Szene heißt Shah Rukh Khan. Am Ende jedes Films tanzt der mit seiner Liebsten singend in einen kunterbunten Sonnenaufgang.

Auf der Anklagebank des Frankfurter Amtsgerichts sitzen Vater und Sohn. Muhammed N., 60 Jahre, und sein Filius Syed Q., 25 Jahre alt. Die Anklage lautet auf Insolvenzverschleppung.

Die beiden hatten einmal eine Agentur. Der Vater war eingetragener Geschäftsführer, der Sohn amtierender. Im Spätsommer 2008 verkauften sie etwa 8.000 Karten für das dickste Ding, das ihre Agentur je auf der Pfanne hatte, ein Mega-Event: ein Abend mit Shah Rukh Khan. Die Karten waren nicht billig. Mehr als 700.000 Euro kamen zusammen. Die flossen an die Agentur des indischen Superstars mit pakistanischen Wurzeln.

Wer niemals kam, war Shah Rukh Khan. „Zwei Wochen vor der Tour wollte er plötzlich nicht mehr mit Lufthansa fliegen. Er wollte mehr Hotelleistungen, als wir gebucht hatten. Er wollte eine völlig neue Bühnenproduktion. Er hatte vorher eine Show von Madonna gesehen. So etwas wollte er auch haben, um seine deutschen Fans zu beeindrucken." Es war mehr, als das kleine Familienunternehmen sich leisten konnte.

Shah Rukh Khan war sauer. Er sagte ab. Vater und Sohn saßen nun da mit den verkauften Karten, und das Geld war auch zum Teufel beziehungsweise zum Khan.

Was klingt wie eine Jammergeschichte, können Vater und Sohn mit Akten belegen. Ebenso wie den schriftlichen Rat einer Anwaltskanzlei, die Insolvenz herauszuzögern – vielleicht überlege es sich Khan ja noch anderes. Einen Betrugsprozess haben die beiden schon hinter sich. Der endete mit Freispruch. Sie sind unschuldig, zumindest, was den Betrug angeht. Und dennoch ruiniert. Die Agentur Khans, mit Sitz in einem Steuerparadies, löste sich wenige Wochen nach der Absage in Luft auf. Shah Rukh Khan habe diese Nummer schon mit anderen Konzertveranstaltern durchgezogen, sagt der Anwalt der beiden.

Selbst die Staatsanwältin sieht in den Angeklagten „Geschädigte eines bösartigen Künstlers". Dennoch haben sie, wenn auch auf anwaltlichen Rat, die Insolvenz verschleppt. Ergo: 70 mal 15 Euro für den Junior, 70 mal 20 Euro für den Senior. Milder geht's nicht.

Das Leben ist kein Bollywood-Film. Shah Rukh Khan feierte mit seinem jüngsten Film „My Name is Khan" auch in der westlichen Hemisphäre einen Riesenerfolg. Er steht auf dem Zenit seines Ruhms. Vater Muhammed fährt jetzt Taxi, Sohn Syed findet keine Arbeit. Der Makel der Pleite und der Prozesse lastet wie ein Mühlstein auf ihnen. Die tröstenden Worte, die auch der Richter findet, helfen wenig. Niemand singt, niemand tanzt. Und draußen vor der Tür ist es immer noch grau.

Wenigstens gibt's keine Fortsetzung.

Zehn Freunde

Frisch, fromm, fröhlich, frei, ist die deutsche Turnerei. Doch muss man manchmal auch von bösen Buben wie von jenen zehnen hören oder lesen, die nun unter anderem wegen schwerer Körperverletzung vor dem Jugendgericht stehen.

Angefangen hatte alles mal wieder mit dem üblichen Ehrenquatsch. Ein besoffener Rüpel belästigt auf einer Party junge Frauen und wird von einem anderen zur Ordnung gerufen. Der Besoffene ist befreundet, verbrüdert und verschwägert mit der Clique der Angeklagten, die sehen die Zurechtweisung als ehrabschneidend an und ziehen im Dutzend, vermummt mit Schals, Masken und Kapuzen, bewaffnet mit Hockeyschlägern, Besenstielen und Schreckschusspistole los, um mit dem Zurechtweiser „zu reden".

Der trainiert gerade Fußball beim SV Zeilsheim. Vor der Umkleide passt die Bande ihr Opfer ab, es kommt zu einem mehr als handfesten „Gespräch", bei dem auch die Sportkameraden des Opfers ein Wörtchen mitreden wollen. Der Sportverein ist klar im Nachteil, weil dort nicht mit Waffen trainiert wird und in der Regel abgepfiffen wird, wenn einer am Boden liegt. Nachdem der Mob laut seiner eigenen Einschätzung die Fußballer „richtig gefickt" hat, zieht er ab.

Das alles ist schon lange her, es geschah im Dezember 2008, und da viele der Angeklagten damals noch minderjährig waren und gerade das Jugendrecht ein gewisses Tempo vorsieht, haben die Jungs, die lediglich an der Schlägerei teilgenommen haben, wenig zu befürchten. Eine Ermahnung vielleicht. Oder eine Verwarnung. „Ob ich Sie ermahne oder verwarne, ist eigentlich egal", sagt der Vorsitzende Richter und hat damit sicherlich recht.

Doch die meisten der jungen Männer haben mittlerweile noch andere Straftaten gesammelt, die gleich mitverhandelt werden. Meistens geht es um Schwarzfahren und anschließende „Gespräche" mit Kontrolleuren, die aus den Dialogen bleibende Hieb-, Tritt- und Bisseindrücke mit nach Hause beziehungsweise ins Krankenhaus nehmen durften. Besonders schillernd ist ein Fall am Hanauer Bahnhof, bei dem die Bahnbeamten nicht nur enthusiastisch verprügelt, sondern auch noch beleidigt worden waren – sowohl als „weiße Bastarde" wie auch als „Rassistenschweine". Was vielleicht beweist, dass die jungen Leute zumindest ironiefähig sind. Vielleicht aber auch nicht.

Vor Gericht machen die zehn jedenfalls einen mopsfidelen Eindruck. Ein paar kommen in Sportklamotten, ein paar im lässigen Hiphop-Outfit, die meisten kommen pünktlich, einige aber auch eine Viertelstunde zu spät. Aber immerhin: sie kommen. Bei der Anzahl der Angeklagten und der Tatsache, dass die Phonetik der Kommunikation zwischen Gericht und Angeklagten recht enge Grenzen setzt, steht es zu vermuten, dass sie noch viele Möglichkeiten zum Pünktlichkommen haben werden.

„Elf Freunde sollt ihr sein", hat Sepp Herberger gesagt, aber dieses hehre Ziel haben die Angeklagten um eine Person verfehlt.

Die Nacht des Jägers

Am Morgen des 2. August verlässt der Jäger seine Wohnung. Er geht die Straße entlang. Hinter ihm steigt Rauch auf, Feuerwehrautos rasen ihm heulend entgegen, aber der Jäger nimmt keinerlei Notiz von ihnen. Der Jäger hat jetzt Witterung aufgenommen, die Fährte führt ihn zum großen Strom. Seine schwere Reisetasche wirft er weg, er braucht sie nicht mehr. Er folgt dem Strom bis zur großen Stadt. Vor einer gepanzerten Tür drückt der Jäger auf den Klingelknopf. „Ich hab' Scheiße gebaut", sagt der Jäger durch die Gegensprechanlage der Polizeistation, „ich hab' das Feuer in Sossenheim gelegt." Dann öffnet sich summend die schwere Panzertür, und der Jäger tritt ein in eine andere Welt.

Joachim L. war mal Altenpfleger. Vermutlich ein guter. Seine Arbeitsplätze konnte er sich aussuchen, „als Altenpfleger ist man schwer gefragt". Seine Arbeit macht ihm Spaß, aber er leidet unter den Umständen. „Irgendwelche Leute aus der Zeitarbeit" pflegten dort lustlos, „es wurde viel geschrien, die alten Leute mussten selbst die Toilette putzen", kurz: „es war keine vernünftige Pflege möglich". Als Altenpfleger bezieht Joachim L. ein kümmerliches Gehalt. Aber es langt, um seine langjährige Freundin, eine Rechtsanwaltsgehilfin, im März 2009 zu heiraten. Die beiden beenden ihr unstetes WG-Nomadenleben und ziehen in eine gemeinsame Wohnung in Sossenheim. Es geht nicht lange gut. Im November 2009 betritt Joachim L. durch die magische Computerpforte die „World of Warcraft".

Der Jäger mag Hunde. „Jäger können einen Wolf mit sich führen." Ein Wolf ist noch nützlicher als ein Hund. Nützlich gegen

„Elfen, Zwerge, Orks und so was". Der Jäger steht am Anfang einer steilen Karriere. 80 Levels gibt es. Dann ist man ganz oben. Ganz oben in der „recht üppigen Fantasy-Welt" – der World of Warcraft.

Joachim L. hat heute keine Frau mehr. Und keinen Job. „Beziehung konnte man das am Ende eh nicht mehr nennen", erinnert er sich auf der Anklagebank des Amtsgerichts Frankfurt. Er arbeitet Nachtschicht; wenn er zu Hause ist, setzt er sich sofort an den Computer und betritt seine fantastische Gegenwelt. Ab und zu streitet sich das Ehepaar, dann fliegen die Fetzen, und die Nachbarn ärgern sich. Die Frau hat schon bald die Schnauze gestrichen voll. Sie zieht aus.

Level 80. Der Jäger hat's geschafft. Höher hinaus geht es nicht. Er ist jetzt Anführer einer Gruppe von etwa 50 Leuten, die regelmäßig auf virtuelle Ork-Jagd gehen. „Ich gebe die Anweisungen, was zu tun und was zu machen ist." Es ist ein gutes Leben. Nur manchmal nicht. Manchmal hat der Jäger zu viel getrunken, dann zerschlägt er Spiegel in Joachim L's Wohnung, vielleicht, weil sie immer noch das Bild von Joachim L. zeigen. Aber dieser Joachim verschwindet langsam. Er wird immer dünner. Er kommt nicht mehr zum Essen. Auch für die Kifferei fehlt ihm zunehmend die Zeit. Die Zeit des Jägers.

Joachim L. geht nicht mehr zur Arbeit. Er zahlt keine Miete mehr. Manchmal schlägt er nachts Radau, sonst nimmt niemand mehr von ihm Notiz. Die Vermieterin kündigt ihm fristlos. Joachim L. kriegt davon eine ganze Weile nichts mit, er öffnet seinen Briefkasten nicht mehr. Anfang August 2010 stellt ihm seine mittlerweile verzweifelte Vermieterin den Strom ab.

Am Morgen des 2. August erwacht der Jäger – und sieht sich seiner Welt beraubt. Die magische Computer-Pforte ist mangels Strom geschlossen. Er sieht aus dem Fenster, verspürt „Zorn auf die ganze Welt". Der Jäger nimmt Grillanzünder, verteilt sie in der Wohnung, steckt sie an. Dann schnappt er sich die Reisetasche und läuft los. Sechs Menschen werden bei dem Brand leicht verletzt. Der Bruder und die Schwester der Vermieterin können von der Feuerwehr aus dem ersten Stock des Hauses gerettet werden. Der Schaden beträgt eine halbe Million Euro.

In den ersten Nächten in der U-Haft kann Joachim L. nicht schlafen. Er leidet unter Entzug. Der Jäger jagt nicht mehr. Mit der Zeit wird der Schmerz schwächer, schwindet aber nie. Joachim L. findet wieder zu sich selbst. Die paar Kilo mehr stehen ihm gut. Er hat breite Schultern, ein hübsches Gesicht und einen klugen Kopf. In einer Fantasy-Welt, wo die Guten schön und die Bösen hässlich sind, würde er mit Sicherheit zu den Guten gehören.

Er hätte gerne seine Frau zurück, aber die will nicht. Er hätte gerne wieder seine Arbeit zurück, aber das wird so schnell nicht gehen, denn das Gericht verurteilt ihn zu einer Freiheitsstrafe von vier Jahren.

Er wäre auch gerne wieder der Jäger. Auch wenn er weiß, wie das endet. „Ich war der Beste", erinnert er sich vor Gericht. Jetzt ist er arbeitslos und sitzt auf einem Schaden von einer halben Million Euro. Im wahren Leben wird er nie mehr Level 80 schaffen.

Er hat Angst vorm Computer. Angst vor der Pforte. Er weiß nicht, ob er widerstehen kann, wenn er wieder draußen ist. Ob sich denn die World of Warcraft mittlerweile für ihn erledigt habe, will der Richter wissen. Aber Joachim L. hat in U-Haft Werbefernsehen gesehen: „Am 3. Dezember kommt das neue Add-on raus. Es gibt kein Ende. Es geht immer weiter."

Feuerteufelchen

Sein größter Wunsch war immer, zu löschen", sagt Rs Anwalt Ulrich Endres vor dem Landgericht. Manchmal können Wünsche entflammen. Kaum hatte er von seinem Hauptmann die Erlaubnis erhalten, bei den Einsätzen der Sindlinger Feuerwehr mitzufahren, sorgte R. selbst für eine starke Einsatzdichte. Von Oktober 2011 bis August 2012 zündeten R. und sein bester Freund K. im Frankfurter Westen so ziemlich alles an, was nicht niet- und nagelfest war. Am Ende werden sie einen Sachschaden von etwa 150.000 Euro angerichtet haben.

Heuballen, Mülltonnen, Gartenhütten, sogar die Lagerhalle des Sindlinger Karnevalsvereins – nichts war vor ihren Feuerzeugen sicher. R. legte die Brände, dann löschte er sie. Manchmal betrug der Schaden ein paar hundert Euro, wie im Falle der Lagerhalle, über die Gott Jokus seine schützende Hand hielt. Manchmal ging er in die Zehntausende, wie im Falle der 88 Heuballen, die im Stall eines Bauern in Flammen aufgingen.

In diesem Fall wurde auch ein Menschenleben gefährdet: Die Frau des Landwirts konnte sich aus dem Wohnhaus retten. Er habe es aus reiner Lust am Löschen getan, sagt der heute 20-jährige und voll geständige R. Er habe es aus tiefer Freundschaft für seinen besten Kumpel getan, sagt der gleichaltrige K. Die beiden hätten es aus Lust am Abenteuer getan, sagt Ulrich Endres, sagt aber auch: „Das sind nicht Tom Sawyer und Huckleberry Finn."

Stimmt auffallend. Tom und Huck waren gewitzt und eloquent. R. und K. haben nach eigenen Angaben „halt einfach gemacht", was natürlich „einfach nur blöd" war, weshalb beide „echt bereuen". Endres bemüht sich seine Mandanten als eigentlich ganz clevere Kerlchen darzustellen, denen es angesichts der Landgerichtskulisse die Chuzpe verhagelt habe. Allein dem Gericht fehlt etwas der Glaube.

Bis die Frau des Landwirts, die sich im Dezember 2012 gerade noch in Sicherheit bringen konnte, den Zeugenstand betritt. Sie kennt R. seit er zehn Jahre alt ist. Er ist ein Schulkamerad der Tochter des Bauern. Die 31-Jährige erzählt, dass R. bei ihnen ein- und ausgegangen sei. Er habe auch immer Trecker fahren dürfen. Bis ihr Mann ihn rausgeschmissen habe, weil der 18-jährige R. nur noch Flausen im Kopf gehabt habe, mit dem Trecker wie nichts Gutes über die Äcker gerast sei und Zäune niedergewalzt habe. Pubertät auf dem Lande halt.

Dreimal standen Heuballen des Bauern in Flammen. Die Frau berichtet, dass damals alle Landwirte des Frankfurter Westens nur mit einem geschlossenen Auge geschlafen hätten. Bis R. und K. als Täter verhaftet wurden. „Anfangs waren wir sehr wütend und wollten sogar Hausverbot erteilen." Doch dann kam es anders.

R. hatte nach seiner Festnahme seine Opfer via Facebook um Entschuldigung gebeten – und angeboten, den entstandenen Schaden als Knecht abzuarbeiten. Nach anfänglichem Zögern ging das Ehepaar darauf ein. Und bereute es nicht.

Morgens um sieben erscheine R. auf dem Bauernhof – und stürze sich wie ein Irrer in die Arbeit, beteuert die Frau. Im Sammeln von Pferdeäpfeln könne ihm keiner das Wasser reichen, er habe ein Händchen für die Tiere, er habe sich binnen kurzer Zeit so verdient gemacht, dass er sogar wieder Trecker fahren dürfe. Was er mit angemessenem Tempo tue. „Ich würde meine Hand dafür ins Feuer legen, dass er nichts mehr anstellt", sagt die Frau. Sie und ihr Mann haben R. verziehen. Sie verzichten auch auf Schadensersatz.

Angesichts dieser Sozialprognose – nebenher absolviert R. eine Lehre als Kfz-Mechatroniker – kann das Gericht gar nicht anders, als ein relativ mildes Urteil zu fällen. Beide werden zu einer Jugendstrafe von einem Jahr verurteilt, die zur Bewährung ausgesetzt wird. Auch die Staatsanwältin spricht im Plädoyer von der „erfreulichen Entwicklung, die die beiden genommen hätten".

„Er war schon bei der Jugendfeuerwehr der Fleißigste", sagt Endres über R. „Wenn Tiere abhauen, ist er zur Stelle, er repariert auch mal einen Zaun", sagt die Frau des Bauern. Also doch ein bisschen Tom Sawyer. Und sein Kumpel Huck verspricht noch bei Gericht, ihm demnächst bei der Arbeit auf dem Bauernhof zur Hand zu gehen.

Tramhochzeit

Es begann alles so romantisch. Im Juli 2013 lernt die 42 Jahre alte Frau an ihrem Arbeitsplatz, einer Tankstelle in der Mainzer Landstraße, den Mann kennen, den sie glaubt zu suchen. Anfang des Jahres ist die Italienerin zum Islam konvertiert und nun auf Bräutigamschau. Der 45 Jahre alte Marokkaner Mohammed B. kommt ihr da gerade recht.

Wenige Tage später wird Hochzeit gefeiert. Auf der Heimfahrt mit der Tram zur Wohnung der Frau hat Mohammed B. die Idee mit der Hochzeit. Es war „mehr oder weniger seine Idee", sagt Mohammed B.s Anwalt, also findet die Hochzeit nach dem statt, was Mohammed B. unter „islamischem Recht" versteht. An der Haltestelle Münchener Straße steigt das Paar unverheiratet aus, Mohammed B. trifft überraschend auf vier Landsleute, die als Trauzeugen verpflichtet werden, dann steigen beide verheiratet wieder in die Tram ein. Zu Hause eröffnet Mohammed B. seiner Angetrauten in deren Wohnung, die er zu seiner eigenen erklärt, dass die Flitterwochen nun vorbei seien.

Die Ehe hält eine Woche. Der Staatsanwalt fasst sie vor dem Landgericht prägnant zusammen: Vergewaltigung, Freiheitsberaubung, Körperverletzung, Sachbeschädigung. Mohammed B. sperrt seine Frau in der Wohnung ein, verbietet ihr zu arbeiten, verbietet ihr den Umgang mit anderen Menschen, nimmt ihr das Handy ab. Als sie ihm eröffnet, weiterarbeiten zu wollen, versucht er vergebens, ihr die Flausen aus dem Kopf zu schlagen und tritt dann vor Wut ein Loch in den Wohnzimmertisch. Er kommt spät in der Nacht nach Hause und es gelüstet ihn nach Beischlaf. Seiner Frau nicht. Er setzt sich durch.

Das alles klinge „für uns sogenannte Europäer" reichlich Spanisch, gibt Mohammed B.s Anwalt zu. In der Einlassung, die er vorliest, zeigt sich sein Mandant geständig. Selbstverständlich habe er seine Frau geschlagen und eingesperrt und ihr die Arbeit verboten, schließlich sei man hier ja „nicht in einem islamischen Land", da hieße es Aufpassen. Nur die Vergewaltigung, na ja: Es sei „kein absolut konträrer Wille" der Frau erkennbar gewesen, „da war keine große Gewalt", aber auch „kein großer Widerstand", dennoch habe sein Mandant während der Vergewaltigung „irgendwie ein ungutes Gefühl gehabt", sagt der Anwalt. Das habe sich erst gelegt, als er sich nach getaner Tat zur Seite gerollt habe, eingeschlafen sei und am nächsten Morgen erfreut festgestellt habe, dass seine Frau sich wieder ohne Murren und Knurren der Hausarbeit hingebe.

Gemurrt und geknurrt hat die Frau dann später bei der Polizei. Durch sein Geständnis erspart Mohammed B. der Frau eine Zeugenaussage, für ihn selbst dürfte sich das spätestens bei der Urteilsbegründung segensreich auswirken. Dass die Ehe selbst nach „islamischem Recht" als gescheitert gelten dürfte, hat auch der Angeklagte begriffen. Er wird es verschmerzen, denn er hat noch eine andere Ehefrau in petto: eine Frau aus Marokko, mit der schon seit Jahren verheiratet sei und zwei vier und zwei Jahre alte Töchter habe. Die wolle er demnächst herholen, denn seit den 22 Jahren, die er in Deutschland lebe, habe er sich eine Partnerin an der Seite gewünscht – „ich habe immer versucht und versucht, aber es klappte irgendwie nicht". Momentan stellten sich aber noch die deutschen Behörden einer Familienzusammenführung in den Weg: Er verdiene als Lagerarbeiter schlicht zu wenig Geld. Aber er arbeite dran.

Hallo TÜ-Wagen

Lob und Preis sei Philipp Reis, der anno 1861 in Frankfurt den Prototyp des Telefons der staunenden Weltöffentlichkeit präsentierte. Und ein dickes Dankeschön auch an den Erfinder der Telefon-Überwachung, dessen Name leider unbekannt ist. Gott segne ihn.

TÜ-Protokolle sind das Körnchen Salz, das Würze in mitunter fade Gerichtsprozesse bringt. TÜ steht für Telekommunikationsüberwachung, aber die ist halb so langweilig wie ihr Name vermuten ließe. Reuige Sünder, verfolgte Unschuldige, simulierende Schwachsinnige: Vor Gericht wird so manche Rolle gespielt. Aber spätestens beim Vorspielen der TÜ-Protokolle bröckelt jede Fassade, sei sie noch so kunstvoll verputzt. Am Telefon ist der Mensch ganz Mensch, vermutlich weil er sich unbelauscht wähnt, was zwar bescheuert, aber menschlich ist.

Das gilt nicht nur für Angeklagte. Wahre Begeisterungsstürme im Publikum entfachten am Frankfurter Oberlandesgericht in jüngster Zeit die abgehörten Telefonate, die der damalige Isis-Terrorist Kreshnik B. von Syrien aus mit seiner lediglich in geografischer Hinsicht zurückgebliebenen Schwester geführt hatte. Diese hatte ihren schmerbäuchigen kleinen Bruder unter anderem wahrheitsgemäß einen „Pimpf, der nicht mal mit dem Arsch wackeln kann" geheißen. Ein Urteil, dass sie vor Gericht als Zeugin so nicht formuliert hat und es wohl auch niemals täte. Wahr bleibt's trotzdem.

Aktuelle Spitzenreiter der Frankfurter TÜ-Charts aber sind derzeit zwei jüdische Metzger, die sich wegen des Vorwurfs des Betrugs vor dem Landgericht verantworten müssen. Die beiden werden beschuldigt, tonnenweise billig zusammengekauftes Fleisch als koscheres verkauft und sowohl ihre Kundschaft als auch den Rabbi nach Strich und Faden behumst zu haben. Beide sind geständig, der mutmaßliche Haupttäter aber, eine echte hessische Frohnatur, gibt nach alter Metzgerssitte die Wahrheit nur salamitaktisch preis.

Zu Beginn des Prozesses behauptete der Mann noch, das Fleisch im engen Rahmen seines besten Gewissens so koscher wie möglich verarbeitet zu haben. Aber nicht verwurstet. „Unsere Wurst war immer koscher", versicherte er am ersten Verhandlungstag.

Das Haltbarkeitsdatum dieser Aussage war dann spätestens beim Abspielen der TÜ-Protokolle abgelaufen. Der Metzger, dem die Fahnder eigentlich wegen einer Steuersache auf den Haxen waren, telefoniert da mit einem befreundeten Fleischgroßhändler. Ob er denn einen billigen Batzen Fleisch im Angebot habe, fragt der Metzger. Ja, er habe fuderweise Putenfleisch, das er schnell loswerden wolle. „Schon schleimig?", fragt der Metzger. Nö, schleimig noch nicht, sagt der Fleischgroßhändler, nur ein paar Tage über das Verfallsdatum hinaus. Nehme er, sagt der Metzger. Fein, freut sich der Fleischgroßhändler und fragt seinen Spezi, was er denn mit dem Putenfleisch machen wolle. „Ei, Rindswurst", freut sich der Metzger. Und dann lachen beide. Obwohl der Metzger gar keinen Witz gemacht hatte.

Es sind diese Momente, in denen der Zuschauer bei Gericht andächtig innehält und staunend würdigen muss, zu welchen

Leistungen der Mensch fähig ist. Wenn er glaubt, am Telefon unerhört sein wahres Ich auszubabbeln. Danke, TÜ!

Via Mala

Eigentlich haben Dario und Salvatore viele Gemeinsamkeiten. Beide sind in dem Alter, wo der Testosteronspiegel langsam sinkt und das Gewicht langsam steigt. Beide sind von Beruf Pizzabäcker. Beide fahren einen Fiat. Beide halten den jeweils anderen für einen lausigen Autofahrer. Soweit zum Verbindenden.

Und nun zum Trennenden. Dario fährt einen Cinquecento, Salvatore einen Brava. Am 25. November 2012 kommen sich die beiden ins Gehege – vermutlich bereits auf der A 661, mit Sicherheit aber auf der Gerbermühlstraße. Dario sagt, Salavatore habe ihn so hinterrücks wie grundlos angedrängelt und belichthupt. Salvatore sagt, Dario habe ihn geschnitten und ausgebremst. Jedenfalls gehen sich die beiden am Mainufer rechtschaffen auf den Wecker, und irgendwann biegt Dario nach links in die Wehrstraße ab, Salvatore hinterher. Dario öffnet das Fenster und schießt mit einer Schreckschusspistole auf Salvatore, der jetzt erst recht die Faxen dicke hat, die Polizei informiert und eigenhändig die Verfolgung aufnimmt. Nach einer wilden Hatz durch ganz Oberrad wird der vermeintliche Amokschütze Dario von Salvatore und einem Großaufgebot an Polizei in einem Schrebergartengelände gestellt. Die Waffe hat Dario zuvor in einem Laubhaufen verbuddelt, aber Patronen und Holster im Auto liegengelassen.

Salvatore kann es bis heute nicht fassen. Eine Waffe – „sowas versteckt man doch im Wald" und fahre sie nicht im Auto spazieren, wo sie jeder finden könne. Darios Waffe fand offenbar ein Schrebergärtner, jedenfalls war sie nicht mehr da, als Dario sie ein paar Wochen später vom Laubhaufen abholen wollte. Zeit genug zum Suchen hatte er, denn Führerschein und Job war er nach dem Vorfall los – Dario scheint eher zu den ausfahrenden als zu den backenden Pizzabäckern zu gehören.

Der Führerschein ist mittlerweile wieder da, die Waffe weg, und der Richter am Amtsgericht, ein durch und durch vernünftiger Mann, sieht wenig Sinn in endlosen Zeugenbefragungen. Nach kurzem Prozess macht er Dario ein Angebot, dass dieser nicht ablehnen kann. Die eigentlich mitangeklagte Drängelei falle weg, da nicht mehr geklärt werden könne, wer hier Täter und wer Opfer sei. Die Sache mit der Knarre aber bleibe ein gefährlicher Eingriff in den Straßenverkehr. 90 Tagessätze à zwölf Euro, und damit habe es sich dann auch. Denn eine Pistole, auch eine mit Platzpatronen, gehöre weder in den Wald noch ins Handschuhfach. „Sowas geht überhaupt gar nicht."

Ansonsten machen Dario und Salvatore ja auch einen recht vernünftigen Eindruck, und man muss schon mal sagen dürfen, dass zwei Espressi und zwei Grappe allemal billiger gekommen wären.

Fiat iustitia

Von deutschen Gerichten kann man was lernen. Weisheit. Gelassenheit. Unangestrengtheit. Das hat sich bis nach Asien herumgesprochen.

Die Delegation des Supreme Court of Corea, des höchsten südkoreanischen Gerichts, wartet auf den Zuschauerrängen des Amtsgerichtssaals auf Herrn L., aber Herr L. kommt nicht.

Eigentlich hätte sich Herr L. hier wegen räuberischen Diebstahls verantworten müssen. Herr L. ist laut Aktenlage ein Obdachloser aus Limburg, was seltsam anmutet, denn wenn einer kein Obdach hat, wie kann das dann in Limburg sein? Jedenfalls saß Herr L. bis gestern wegen einer anderen Sache in Frankfurt in Erzwingungshaft; wurde aber freigelassen, weil er die Geldstrafe doch noch irgendwie aufbringen konnte. Jetzt ist er unauffindbar, hat nach Angaben seines Anwalts auch kein Handy und werde wohl auch nicht erscheinen. „Ich hatte damit gerechnet, dass er vorgeführt wird", sagt der Anwalt. „Er kann ja auch aus freien Stücken kommen", sagt die Richterin. Die Delegation des Supreme Court of Corea, die sich mal anschauen will, wie in Deutschland Recht gesprochen wird, wartet in unerschütterlicher Ruhe.

Herrn L. wird vorgeworfen, drei Blumen geklaut zu haben. Kunstblumen. Aus einem Ein-Euro-Markt. Als der Ladendetektiv ihn deflorieren wollte, soll er die Blumen im Wert von drei Euro mit einer abgebrochenen Glasflasche verteidigt haben. Das macht den Diebstahl zum Raub. Aber Herr L.

kommt nicht. Nicht aus freien Stücken. Das macht den Prozess kaputt.

Das Amtsgericht wartet noch ein Weilchen. Bis der nächste Angeklagte vielleicht nicht kommt, dauert es noch zwei Stunden: Ein junger Mann, der einem 81-Jährigen, der mit seinem Hund Gassi ging, in die Nieren trat, weil der ihm kein Geld geben wollte. Auch nicht nach dem Tritt. Versuchter räuberischer Diebstahl.

Soviel Geduld hat die Delegation des Supreme Court of Corea nun auch wieder nicht. Sie verabschiedet sich in aller Stille und Höflichkeit und versucht es im Gerichtssaal nebenan, wo ein Untreueprozess geführt wird. Zumindest beinahe.

Im Saal nebenan erwartet die Delegation des Supreme Court of Corea ein einsamer Staatsanwalt. Der Rest ist schon gegangen. Die Angeklagte, eine Kindergärtnerin, die das ganze Kindergartengeld verjuckt haben soll, sei erst gar nicht gekommen, sagt der Staatsanwalt. Nervenzusammenbruch. Die Delegierten des Supreme Court of Corea nicken verstehend und begeben sich Richtung Kantine.

Die Delegierten des Supreme Court of Corea werden zu Hause viel zu erzählen haben. Deutschland sei ein schönes Land, werden sie berichten, und Frankfurt eine gastfreie und wundermilde Stadt. Einst habe hier ein Mann beinahe vor Gericht gestanden. Er habe drei Blumen geraubt gehabt, weil sein Herz sich nach Schönheit verzehrt habe. Zum Prozess habe er leider nicht kommen können, aber das sei weiter kein Wunder, weil die Angeklagten in Deutschland zur Kränklichkeit neigten und eher ins Bett gehörten denn in die Besserungsanstalt. Und in der Gerichtskantine gebe es passablen Kaffee zu fairen Preisen, die Wirtin sei von freundlichem Wesen und die Schokostücke in den Haferkeksen so groß wie getrocknete Persimonen. Und darum spreche in Deutschland der Weise: Es wolle ihm net in de Kopp enei, wie könne nor e Mensch net von Frankfort sei.

Die Rechtsprechung wird fortgesetzt. Weltweit. Mit unterschiedlicher Grobheit.

Über allen Wipfeln ist Dürre

Der Mensch, vom Weibe geboren, lebt kurze Zeit und ist voll Unruhe, geht auf wie eine Blume und fällt ab, flieht wie ein Schatten und bleibt nicht. Und du tust deine Augen über einen solchen auf, dass du mich vor dir ins Gericht ziehest", sagt Hiob (14).

Ein Gärtner und Landschaftsplaner darf nicht mehr in aller Öffentlichkeit behaupten, dass alternative Waldfriedhöfe eine Umweltsauerei seien, sagt das Frankfurter Landgericht. Der Mann, der darauf besteht, ein unabhängiger Gutachter zu sein, hatte zuvor in einigen Fachorganen der eher konservativen Friedhofsfachpresse behauptet, die in jüngster Zeit bei Verblichenen immer beliebtere Form der naturnahen Urnenbestattung im Forst sei „toxikologisch" mehr als bedenklich, der „Verwesungsprozess" im Gegensatz zum konventionellen Friedhof suboptimal. Chrom, Zink, Nickel und Mangan machten den Waldboden unsicher – was weniger an Säuferlebern als vielmehr an Metallgriffen liege, die mit der Urne ganz nah am Baum vergraben würden. Diesem beschere der Sondermüll eine massive Störung der „Vitalfunktion" und eine waschechte „Wipfeldürre", was letztlich weder im Sinne des Baumes noch des darunter Begrabenen sein könne.

Als Beispiel hatte der Gärtner einen Waldfriedhof im schleswig-holsteinischen Glücksburg genannt, und die Betreiberfirma hatte ihn verklagt, er solle das mal unterlassen, zumal er gar kein unabhängiger Gutachter sei, sondern ein branchenbekannter Lobbyist der Kirchacker-Konservativen. Da die strittigen Passagen von einem Frankfurter Verlag veröffentlicht worden waren, urteilte jetzt das Frankfurter Landgericht, dass er es wirklich besser unterlassen solle, sonst werde es teuer (bis zu 250.000 Euro). Eine Urteilsbegründung gibt es noch nicht, denn nicht nur Gottes Mühlen mahlen mit Bedacht. Soviel ließ der Richter aber durchblicken: Es gebe „keinerlei gesicherten wissenschaftlichen Erkenntnisse", dass der Toten Asche dem Baum wirklich Wipfeldürre oder weiteres Weh mache.

Und überhaupt muss man sich um den Baum keinen allzu großen Kopf machen. „Ein Baum hat Hoffnung, wenn er schon abgehauen ist, dass er sich wieder erneue, und seine Schößlinge hören nicht auf. Ob seine Wurzel in der Erde veraltet und sein Stamm im Staub erstirbt, so grünt er doch wieder vom Geruch des Wassers und wächst daher, als wäre er erst gepflanzt", sagt abermals Hiob (abermals 14).

Im Gegensatz zu diesem kann der Gärtner selbst entscheiden, ob er sich noch weitere Prüfungen auferlegen lassen will: Das Urteil ist noch nicht rechtskräftig, das Einlegen von Rechtsmitteln steht ihm offen und ist unstrittig ökologisch unbedenklich.

Überrolldrama

Der Angeklagte: Bruno G. ist 61 Jahre alt, Bauingenieur, verheiratet, zwei erwachsene, aber immer noch teure Söhne. Er fährt einen Mercedes Kombi und präsentiert sich am Amtsgericht mit Bart, Bauch, Brille. Er kommt aus einer Zeit, in der man mit 0,29 Promille am Steuer als stocknüchtern galt.

Der Staatsanwalt fordert wegen fahrlässiger Tötung sechs Monate Freiheitsstrafe auf Bewährung für Bruno G. Der hatte in der Nacht auf den 22. März 2014 einen Obdachlosen totgefahren, der mit mehr als vier Promille auf der linken Fahrspur der Hanauer Landstraße, die er wohl überqueren wollte, zusammengebrochen war. Der Mann starb noch am Unfallort.

Die Zeugin erinnert sich, wie der Obdachlose die Hanauer überquerte und dann langsam zusammensackte. Etwa drei Sekunden später habe ihn der Angeklagte dann mit seinem Mercedes überfahren. Bruno G. sei „zwischen 80 und 90" gefahren statt der erlaubten 50, da sei sie sich ganz sicher.

Der Freund der Zeugin erinnert sich ebenfalls an die Nacht. Kurz nach 1 Uhr sei es gewesen, „relativ dunkel" mit Nieselregen, dennoch sei der Mann auf der Straße „gut zu erkennen" gewesen. Bruno G. sei „zwischen 60 und 70" gefahren, da sei er sich ganz sicher, weil er selbst „zehn Jahre Fahrpraxis" habe und das beurteilen könne.

Der Taxifahrer ist auch ein Zeuge. Er hat den Unfall zwar nicht gesehen, aber einen lauten Knall gehört. Er sagt, dass Bruno G.

„nicht so schnell" gefahren sei, keinesfalls schneller als die erlaubten 50.

Die Zahnärztin war die erste am Unfallort. Und leistete vergebens Erste Hilfe. Inmitten immer zahlreicherer Schaulustiger, die die Szenerie umstanden und ständig „er ist tot, er ist tot" gerufen hätten. Zu Bruno G.s Tempo will sie sich nicht äußern: „Das wäre rein spekulativ."

Der Hintermann Bruno G.s wird auch als Zeuge gehört. Auch er war mit seinem Auto über den Obdachlosen gefahren, nachdem der aber vermutlich schon tot war. Anfangs war er es, der unter Verdacht stand, für den Tod des Mannes verantwortlich zu sein. Der Mann auf der Fahrbahn, sagt er, sei nur schwer zu erkennen gewesen.

Die Sachverständige spricht von dem Unfall als „Überrolldrama", vermutlich ein Fachausdruck. Die Alkoholkonzentration des Obdachlosen könne für Laientrinker tödlich sein. Bruno G.s 0,29 Promille fielen da kaum ins Gewicht: „So blöde sich das anhört: Da ist man noch fahrtüchtig."

Der Gutachter der Versicherung hat selbst so komplexe Dinge wie die „Schleierleuchtdichte" geprüft. Hat die Sekundenbruchteile berechnet, in denen Bruno G. rein statistisch hätte die Situation erkennen und handeln müssen. Sein Fazit: Es sei nicht zu begreifen, warum Bruno G. den Mann nicht gesehen habe.

Der Angeklagte schweigt zur Tat. Nur in seinem letzten Wort sagt er: „Ich gehe abends mit dem Bild des Mannes ins Bett. Ich stehe morgens damit auf. Mehr möchte ich nicht sagen. Es ist furchtbar!"

Die Richterin verurteilt Bruno G. wegen fahrlässiger Tötung zu einer Geldstrafe von 180 Tagessätzen à 65 Euro, also 11.700 Euro.

Mecki Messer

David S. ist ein eher unpossierlicher Vertreter seiner Gattung. Zu seinem eigenen Prozess vor dem Frankfurter Amtsgericht erscheint er nicht nur zu spät, sondern in schweren Stiefeln, schwarzem Sweater, auf dem in Fraktur „Krawallbrüder" prangt, und ultrakurzgeschorenen Haaren. „Ich find's selber nicht so schön", sagt der 24-Jährige, meint aber nicht sein Erscheinungsbild, sondern seine Tat.

Dabei ist ihm nicht so richtig klar, was er in der Nacht des 15. Juni dieses Jahres gegen 3.20 Uhr eigentlich falsch gemacht hat. Gefeiert hatte er, besoffen war er, und er wollte nach Hause. Also lief er die Gleise der Straßenbahn auf der Mainzer Landstraße entlang. Dort traf er auf einen Igel. David S. hielt es für eine erfrischende Idee, diesen Igel wie einen Ball vor sich herzutreten. Zum Zeitvertreib oder so, ganz genau weiß er das auch nicht mehr. Er weiß auch nicht mehr, wie oft er den Igel vor sich hergekickt hat. „Mehrmals wie einmal", schätzt er.

Irgendwann hielt ihn eine Polizeistreife an. Die Beamten wollten ihm einfach nur sagen, dass er doch bitteschön seinen Fußball auf dem Gehweg kicken möge. Als sie merkten, dass der Fußball noch lebte, legten sie dem Besoffenen, der als geübter Trinker noch voll bei Sinnen war, Handschellen an. David S. verstand die Aufregung nicht, er versteht sie bis heute nicht, meine Güte, der Igel war eben da – „wenn's ein Passant gewesen wäre, hätte ich vielleicht den verprügelt". Da hätte er wohl auch mehr Verständnis für das Gerichtsverfahren gehabt.

Es ist ja nicht so, dass er keine Vorstrafen hätte. Er ist schon verurteilt worden, mehrmals wie einmal. Wegen Körperverletzung, Sachbeschädigung, Bedrohung, Widerstands gegen Vollstreckungsbeamte und Schwarzfahrens. Aber Menschen und Sachen kaputtmachen ist ja eine Sache, Tiere kaputtmachen eine andere. Der Igel habe noch geatmet, als man ihn von den Stiefeln seines Peinigers trennte, sagen die beiden als Zeugen geladenen Polizisten. Aber dann sei er doch „verstorben". David S. findet das ja selber nicht so schön. Aber so schlimm halt auch wieder nicht.

David S. hätte gerne seinen Springer-Stiefel wieder. Denjenigen, den die Polizei kassiert hat. Als Beweismittel. Weil im Leder noch Stacheln des Opfers steckten. David S. liebt Springer-Stiefel. „Ich habe nur Springer-Stiefel. Aber ich bin kein politischer Aktivist." Aber er bekommt den Stiefel nicht. Der Stiefel ist Tatwerkzeug. „Ein Mörder kriegt sein Messer ja auch nicht wieder." David S. versteht nicht. Er ist doch kein Mörder, und der Stiefel kein Messer.

Wegen „Tötung eines Wirbeltieres ohne vernünftigen Grund" wird David S. zu einer Freiheitsstrafe von vier Monaten verurteilt, die zur Bewährung ausgesetzt wird. Außerdem muss er 400 Euro an eine Tierschutzorganisation zahlen. Es ist die höchste Strafe, die er bislang kassiert hat. Seine Vita zeige, so die Richterin in ihrer Urteilsbegründung, dass er „gewaltgeneigt gegenüber Menschen und Tieren" sei. Die Richterin hofft, dass ihm das Urteil eine Lehre sein werde.

David S. nimmt das Urteil ungerührt entgegen. Aber das er seinen Stiefel nicht wiederkriegt, das fuchst ihn sichtlich.

Abortkombi & Fitch

Vermutlich ist am Dienstag ein großer Druck gewichen, der auf manchen Angestellten der Modefirma Hollister lastete. Der angekündigte Prozess vor dem Frankfurter Arbeitsgericht jedenfalls fiel aus. Unternehmen und Betriebsrat einigten sich im Vorfeld, und siehe da, es läuft doch: Zumindest die Frankfurter Hollister-Beschäftigten dürfen künftig ohne die Aufsicht durch einen Wachmann pinkeln gehen.

Juristisch liest sich das so: „Hollister wird es unterlassen, Mitarbeiter bei Toilettengängen durch Security-Mitarbeiter begleiten und kontrollieren zu lassen, solange hierüber keine Betriebsvereinbarung abgeschlossen wurde oder sich eine Einigungsstelle zu diesem Regelungsbereich gebildet hat."

Bei Hollister geht es nämlich nicht bloß vor den Kulissen lustig zu. Dort stehen meist halbnackte Angestellte vor der Pforte, vor der eine lange Schlange schnatternder Backfische auf Einlass wartet. Hollister ist nämlich cool. So cool, dass das Unternehmen seine Klamotten nicht an Mädchen und Jungen, sondern an „Bettys" und „Dudes" verkauft.

Hinter den Kulissen wird es aber offenbar noch viel toller. Bereits im April dieses Jahres hatten sich Unternehmen und Frankfurter Betriebsrat in letzter Sekunde vor dem Arbeitsgericht geeinigt. Damals ging es um regelmäßige Taschenkontrollen der Mitarbeiter, die nach Auffassung ihrer Arbeitgeber wohl klauen wie die Raben. Das vorläufige Ergebnis: Die als demütigend empfundenen Kontrollen wurden erst einmal ausgesetzt und finden jetzt nur noch stichprobenartig statt – bis zu einer abschließenden endgültigen Betriebsvereinbarung, versteht sich. Bis dahin hat sich Hollister ein lustiges Spiel einfallen lassen. Beschäftigte müssen nach Feierabend würfeln. Wer eine Vier würfelt, wird kontrolliert. Jeder andere Wurf gewinnt.

Am Rande dieses Schauspiels vor dem Arbeitsgericht kam damals noch ein anderes bizarres Detail ans Licht. Denn die Hollister-Beschäftigten leiden nicht nur unter sozialer Kälte, sondern auch unter den Klimaanlagen, die vom Mutterkonzern Abercrombie & Fitch aus den USA ferngesteuert werden und für Temperaturen sorgen, die für Flip-Flop- und Shorts-Träger nur wenig bekömmlich sind. Der jüngste Vorwurf gegen die Mitarbeiter, das regelmäßige Randalieren auf dem stillen Örtchen, wird jetzt wohl anderweitig geklärt.

Und mit der Praxis, dass Security-Leute die potenziell randalierenden Angestellten bis auf den Abort verfolgen dürfen beziehungsweise müssen, ist erst einmal Schluss. Was bleibt ist der Zwang, auf der Arbeit selbstgekaufte Hollister-Kleider zu tragen. Und die regelmäßige Überwachung durch „Testkäufer", die kontrollieren, ob die Beschäftigten brav ihre vorgegebenen Begrüßungsfloskeln an den Kunden weitergeben. Und eine Öffentlichkeitsabteilung von Abercrombie & Fitch, gegen die die NSA geradezu schwatzsüchtig wirkt.

Der Frankfurter Betriebsrat war lange Zeit der einzige seiner Art in Deutschland. Nach Auskunft der Gewerkschaft Verdi gibt es mittlerweile noch einen in Ludwigshafen. Eine mögliche Erklärung für die Zurückhaltung auf Arbeitnehmerseite könnte die nackte Angst vor dem Arbeitgeber sein.

Busentführer der Herzen

Es wäre wohl etwas zu viel des Guten, wenn man Thomas F., der medial als „Deutschlands meistgesuchter Schwerverbrecher" in seinen Prozess gestartet war, jetzt als „Busentführer der Herzen" bezeichnen würde. Dennoch findet sein Anwalt Heinz-Jürgen Borowsky, „dass das Bild meines Mandanten, wie ich es aus der Presse kannte, so nicht stimmt". Dass er mit dieser Meinung nicht alleine steht, das beweisen die Plädoyers, die gestern gehalten wurden.

Auch wenn es erst einmal nicht so klingt. Die Staatsanwaltschaft fordert eine Freiheitsstrafe von 14 Jahren und acht Monaten. Sehr viel mehr geht nicht, denn bei allem, was nicht Mord und Totschlag ist, ist in Deutschland bei 15 Jahren Schluss.

Nun sind es aber auch keine Kleinigkeiten, die Thomas F. vorgeworfen werden, sondern schwere räuberische Erpressung, Freiheitsberaubung und Körperverletzung, 19 Straftaten von August 2011 bis Februar 2012. Der Angeklagte ist in allen Anklagepunkten geständig. F. überfiel Banken, Tankstellen und Kioske, ohne durchschlagenden Erfolg. Mal waren die Beute ein paar hundert Euro, mal eine Packung Zigaretten. Höhepunkt seiner an spektakulären Szenen reichen Flucht vor der Polizei war die Entführung eines Kronberger Linienbusses, die F. nationale Aufmerksamkeit bescherte.

Teilweise leiden die Menschen, die F. damals begegnet sind, noch heute unter Angst. Doch die resultiert eher aus der Situation, nicht aus der Persönlichkeit F.s, den die meisten Zeugen als ruhig, besonnen und höflich beschreiben. F. war nie extrem gewalttätig. Als ihm eine resolute Überfallene eine Flasche über den Schädel zog, verabschiedete er sich grußlos, machte nicht einmal von seiner Schreckschusspistole Gebrauch und begnügte sich mit einem Päckchen Kippen als Beute. Eine andere Frau, die F. mit dessen eigener Waffe erschießen wollte, was mangels Echtheit misslang, kassierte dafür immerhin zwei Schläge – „aber nicht sehr dolle", wie die Frau selbst sagte.

Ein Gutachter hat F. untersucht. Er kam zu dem Schluss, dass F. ein Mensch sei, „der keine Gewalt will", auch in Stresssituationen stets ruhig und überlegt handele und lieber das Weite suche, bevor er es zur Konfrontation kommen lasse. Die Polizisten, die den Gesuchten schließlich festnehmen konnten, beschreiben ihn selbst in dieser Situation als „tiefenentspannt und ruhig".

Und so kommt auch die Staatsanwaltschaft in der Kernfrage dieses Prozesses zu dem Schluss: Eine anschließende Sicherungsverwahrung komme im Falle von Thomas F. nicht infrage. Die Hürden, die der Europäische Menschengerichtshof für deren Verhängung gestellt habe, seien ohnehin ziemlich hoch, und F. unterlaufe sie alle locker.

Hinzu komme F.s verzweifelte Situation. Nach einer langen Haftstrafe wegen einer ersten Bankraub-Serie, die finanziell wesentlich erfolgreicher verlaufen war und F. in die erste Liga der Schwerverbrecher gespült hatte, bekam er kein Bein mehr auf den Boden. Ihn drückten Geldsorgen, er war dem Suff und dem Glücksspiel verfallen, er war „in eine Freiheit entlassen worden, in der sich keiner um ihn kümmerte", wie sein Anwalt Borowsky sagt.

Bei der Banküberfall-Serie, die F. seine erste langjährige Haftstrafe einbrachte, hat er sich nicht mit Kleinkram aufgehalten. Die Beute lag meist im sechsstelligen Bereich. F. finanzierte mit ihr ein bürgerliches Leben: eine Wohnung, einen Audi, ein bisschen Zocken, ein bisschen Saufen – bis das Geld wieder alle war und F. die nächste Bank ausbaldowerte. Verletzt hatte er auch damals niemanden.

Thomas F. „wird etwa 60 Jahre alt sein, wenn er entlassen wird", sagt Borowsky, und wenn man bedenkt, dass sein Mandant jetzt 47 Jahre alt ist, wird klar, dass auch er nicht mit einer geringen Haftstrafe rechnet. Konkrete Forderungen stellte er keine: „Jeder Monat, der unter 15 Jahren liegt, ist in Ordnung."

Borowsky hatte ein geschliffenes Plädoyer vorbereitet, das sich mit Sinn und Unsinn der Sicherungsverwahrung im Allgemeinen und ganz speziell im Fall F. beschäftigt – das hatte aber ein wenig an Nutzwert verloren, nachdem die Staatsanwaltschaft das Thema Sicherungsverwahrung doch überraschend eindeutig vom Tisch gefegt hatte.

Thomas F. blieb auch am vorletzten Verhandlungstag seiner Linie treu: sachlich und voll geständig. „Ich will mich bei allen entschuldigen – es tut mir leid", sagt er – ruhig und tiefenentspannt.

Das Landgericht verurteilt ihn schließlich zu einer Freiheitsstrafe von 14 Jahren. Zu 15 Jahren fehlen satte zwölf Monate. Dennoch wird Thomas F. kurz darauf pro forma Revision beim Bundesgerichtshof einlegen – diese aber zurückziehen, nachdem ihm sein Anwalt in aller gebotenen Ruhe und Gelassenheit erläutert hat, dass die Revision Kappes ist.

Nicht ohne meine Tochter

Laut Anklage ist es ein klarer Fall. Mann und Frau lieben sich, kriegen ein Kind, trennen sich, hassen sich. Frau bekommt alleiniges Sorgerecht und geht mit Tochter in USA. Mann fühlt sich betrogen und nutzt Deutschlandurlaub der Tochter, um sie zu seiner Familie in sein Geburtsland Saudi-Arabien zu bringen. Aber jetzt wird es interessant: Die Polizei ermittelt, deutsche und saudische Behörden arbeiten Hand in Hand, nach dreieinhalb Monaten ist die siebenjährige Tochter wieder in Deutschland.

Ein kleines Wunder. „Wir hatten keine Hoffnung, dass das Kind je wieder zurückkommt", sagt der Polizist, der damals die Kindesentziehung, die jetzt das Amtsgericht beschäftigt, von Deutschland aus ermittelte. Kindesentziehung seitens des Vaters sei in Saudi-Arabien kein Straftatbestand. Und die saudischen Behörden in der Regel alles andere als kooperativ.

Des Rätsels Lösung liegt wohl in der Hautfarbe des Mannes, der in Frankfurt auf der Anklagebank sitzt. Mahamat O. ist schwarz. Zwar ist der 33-Jährige in Saudi-Arabien geboren, hat dort sein Abitur gemacht und kam erst im Alter von 18 Jahren nach Frankfurt, um hier Informations- und Kommunikationswissenschaften zu studieren. Er hat – wie seine Tochter – die deutsche Staatsbürgerschaft. Seine Familie aber stammt aus dem Tschad, sie lebte illegal in Saudi-Arabien. Kindesentziehung mag dort nicht strafbar sein, illegaler Aufenthalt ist es schon. Zumal sich auch die entführte Tochter unerlaubterweise im Wüstenstaat befand.

Die Geschichte, die Mahamat O. erzählt, ist die eines verzweifelten Vaters. Die Mutter, mit der er im Streit lebte, habe das alleinige Sorgerecht gehabt. Ihm sei es lediglich erlaubt gewesen, sie alle zwei Wochen anzurufen und zweimal im Jahr zu sehen. Entgegen der Absprache habe die Mutter mit dem Kind nicht mehr Deutsch geredet, er aber redet nur gebrochen Englisch. „Wir konnten uns nicht mehr richtig verständigen." Er habe panische Angst gehabt, seine Tochter endgültig zu verlieren. Er habe nicht mit ihr in Saudi-Arabien bleiben wollen. Aber dort lebe seine Familie. Sonst habe er niemanden, der ihm hätte helfen können.

Auf die Frage des Richters, warum er denn mit der Tochter nicht in Deutschland geblieben sei, sagt O., dass es ihm hier unmöglich gewesen wäre, sich zu verstecken. In Saudi-Arabien werde er schlicht seltener kontrolliert. „Hier kann ich nicht einmal von der Haupt- zur Konstablerwache gehen, ohne von der Polizei kontrolliert zu werden."

Nicht einmal die Staatsanwaltschaft will O. im Gefängnis sehen. Er saß bereits dreieinhalb Monate in U-Haft, etwa die Zeit, die seine Tochter damals in Saudi-Arabien verbringen musste. Ihn erwartet noch ein Strafverfahren in den USA. Seine komplette Familie wurde verhaftet und in den Tschad abgeschoben.

Seine Tat sei „durch nichts zu entschuldigen", auch wenn er seine Situation als Vater als „verzweifelt und aussichtslos" beschreibt. Besser ist es durch die Entführung nicht geworden, im Gegenteil: „Dass ich meine Tochter nicht mehr sehen darf, bricht mir das Herz", sagt er. Das Amtsgericht verurteilt ihn zu einer Freiheitsstrafe von einem Jahr auf Bewährung. Der Haftbefehl wird aufgehoben.

Und die Tochter? Kam damals „verstört, im kurzen Sommerkleidchen und Flip-Flops" zurück in die Frankfurter Kälte, erinnert sich der Polizist. Sprach tagelang kaum mit den Beamten, die versuchten, die Kleine mit Spielzeug aus der Reserve zu locken. „Wir kamen nicht durch", sagt der Polizist. Erst Tage später, als die Mutter aus den USA anreiste, taute das Mädchen langsam wieder auf. Laut Gerichtsakten geht es ihr heute wieder gut.

Die saudischen Behörden hätten die ganze Affäre „ein wenig zelebriert und sich feiern lassen", erinnert sich der Polizist. Kindesentführungen nach Saudi-Arabien geschehen öfter. Allerdings eher selten durch illegale Fremdarbeiter, deren Status sich kaum von Sklaven unterscheidet.

U-Bahn nach Auschwitz

Böse Menschen kennen keine Lieder, sagt der Volksmund. Uwe B. ist vermutlich nicht böse. Zumindest wirkt er nicht so. Auf der Anklagebank des Amtsgerichts macht er am Dienstag den Eindruck eines zu Unrecht Angeklagten.

Uwe B. hat ein Lied gesungen, am 27. April 2013 am Frankfurter Hauptbahnhof. Uwe B., 44 Jahre alt, gelernter Koch und wegen einer Krebserkrankung arbeitsunfähig, war einer von ein paar Dutzend Dynamo-Dresden-Fans, die vor dem Spiel gegen den FSV (3:1 für Frankfurt) noch gute Laune hatten und diese auf den unterirdischen Gleisen lauthals herausgrölten. Es handelt sich um das „U-Bahn-Lied", einen vor allem im deutschen Osten weitverbreiteten Stadiongesang. Der Text, auf Frankfurt zugeschnitten: „Eine U-Bahn, eine U-Bahn, eine U-Bahn bauen wir, von Frankfurt bis nach Auschwitz, eine U-Bahn bauen wir."

Das hat Uwe B. einen Strafbefehl über 90 Tagessätze à 20 Euro wegen Volksverhetzung eingebracht. Und Uwe B. versteht jetzt die Welt, vor allem aber Frankfurt nicht mehr. Deshalb hat er auch Einspruch gegen den Strafbefehl eingelegt.

Seit 40 Jahren, sagt er, sei er Fan von Dynamo Dresden, Vereinsmitglied, habe hunderte von Auswärtsspielen besucht. „Ich hatte da noch nie Probleme." In Frankfurt sei man von der Polizei ganz furchtbar behandelt worden: Alle mit dem Zug angereisten Dresden-Fans hätten sich am Hauptbahnhof ausweisen müssen, zudem habe man ihre Bewegungsfreiheit radikal eingeschränkt, selbst ein Toilettengang sei ihnen verwehrt worden:

„Man musste sogar aufs Gleisbett urinieren, obwohl das verboten ist." Und zu urinieren gäbe es immer reichlich, man besaufe sich nämlich aus alter Tradition immer schon auf dem Hinweg: „Im Stadion ist das Bier teurer – und wenn Dresden spielt, meistens auch noch alkoholfrei."

Angesichts dieses Elends habe man halt ein Lied gesungen, zumal einen die Polizei „ja selbst zur U-Bahn gebracht" habe. Und der Text? „Mit Holocaust hat das nichts zu tun, so was gibt es in Dresden gar nicht." Ihm sei schon klar, dass die Nazis Millionen Juden ermordet hätten, „obwohl ich in der DDR Geschichte hatte", und er sei auch der Meinung, „dass das nicht in Ordnung war damals". Aber er sei doch damals noch gar nicht geboren gewesen. „Soll ich jetzt dafür zuständig sein?" Man werde doch wohl noch singen und eine U-Bahn nach Auschwitz fordern dürfen.

Letztlich ist es so, dass sich Uwe B. die falsche Stadt für das Lied ausgesucht hat. Es gibt ein Urteil des Oberlandesgerichts Rostock, welches das Singen des „U-Bahn-Liedes" als nicht volksverhetzend einstuft. Die Gründe sind streng juristischer Natur, man kann sie im Internet (openjur.de/u/341874.html) nachlesen. In Frankfurt sieht man das anders. Hier gilt das Lied als Volksverhetzung – und nicht als Aufruf zur Verbesserung der Infrastruktur des Öffentlichen Personennahverkehrs.

Uwe B. gibt durchaus zu, dass er gesungen haben könnte. Es gibt auch ein Video der Polizei, das beweist, dass er genau das getan hat. „Eigentlich bin ich nach Frankfurt gekommen, um gar keine Strafe zu zahlen. Ich habe mich doch auch entschuldigt – reicht das nicht?"

Es reicht nicht. Die Staatsanwältin sagt, sie sei nicht gewillt, in dieser Stadt zu dulden, dass die systematische Ermordung von Millionen Menschen „durch den Bierdunst" gezogen werde. So sieht das auch die Richterin, und nachdem B., der ohne Anwalt erschienen ist, auf eindringliches Zureden seinen Einspruch nur auf die Höhe des Strafbefehls beschränkt, verurteilt das Gericht den mittellosen Mann zu 70 Tagessätzen à sechs Euro. Er solle es seinen Freunden weitersagen, rät ihm das Gericht: In Frankfurt könne das Singen böser Lieder teuer werden.

Denkpause

Die Personifizierung der Gerechtigkeit ist Justitia, nicht Justus. Das mag seinen Grund haben.

Frauen richten anders als Männer. Nicht milder, nicht härter, sondern einfach anders. Und das bezieht sich nicht nur auf die Rolle der Richter. Immer wieder muss man mit ansehen, wie junge Staatsanwälte und Verteidiger, allesamt männlich, sich vor Gericht balgen wie junge Hunde und den Prozess als Bühne zur Klärung völlig sachfremder Fragen missbrauchen: Wer hat den längsten Atem? Wer hat den dicksten Gesetzeskommentar? Und was hält das Gegenüber von der eigenen Technik?

Frauen sind da tatsächlich anders gestrickt. Während es bei einer rein männlichen Gerichtsbesetzung schon mal dazu kommen kann, dass der ganze Prozess in ein testosteronschwangeres Kasperletheater abdriftet und Angeklagte und Opfer bestenfalls noch als Statisten dienen, ist dieses Gebaren den meisten Frauen eher fremd. Während die Männer noch mit den Streitkolben der Rhetorik aufeinander eindreschen, führt es die Frauen immer wieder zum Sachverhalt zurück, zu den Motiven der Beteiligten, zum Kern der Sache. Bei Anwälten, die das Gericht mit einer Flut von Befangenheits- und sonstigen Anträgen lahmlegen – einfach nur, weil sie es können und dürfen –, handelt es sich fast ausnahmslos um Männer. Kurz gesagt: Immer öfter sitzen Frauen auf dem Richterstuhl oder auf der Bank der Ankläger (Verteidigerinnen gibt es bereits länger zuhauf), und zumindest der Frankfurter Justiz hat das bislang gutgetan.

Doch in einer Beziehung haben fast alle Richterinnen ein Defizit. Es zeigt sich in der ewigen Frage, mit der vermutlich seit Anbeginn der Zeiten der weibliche Teil der Menschheit dem männlichen auf den Sack geht. Die Frage, die der Mann fürchtet wie der Teufel das Weihwasser und deren Beantwortung zwangsläufig im Desaster mündet, weil es keine richtige Antwort gibt. Die allerentsetzlichste aller Schreckensfragen: „Was denkst du?"

Auch wenn die bei Gericht hauchzart anders formuliert wird. „Was haben Sie sich dabei gedacht?", will die Richterin von dem gerade mal volljährigen Angeklagten wissen, der mit knapp zwei Promille über die Absperrung geklettert war und im Krippenspiel der Bahnhofsmission das Jesuskind aus dem Bettchen getreten hatte. „Was haben Sie sich dabei gedacht?", wird der Mann gefragt, der im Fußballstadion seinen Bierbecher eigentlich einem Bayern-Fan an den Kopf schmeißen wollte und einen Polizisten traf.

Die wahrheitsgemäße Antwort „Gar nichts" wird von Richterinnen meist ebensowenig akzeptiert wie von Ehefrauen oder Freundinnen. Vermutlich, weil sie nicht glauben können, dass ein Mensch auch handeln kann, wenn die Hirntätigkeit so gut wie inaktiv ist. Da kennen sie aber die Männer schlecht. Richter hingegen quittieren die Einlassung, man habe nun wirklich gar nichts gedacht, eher mit einem komplizenhaften Kopfnicken.

Betrachtet man Prozesse als Spiegelbild des echten Lebens, dann muss man eigentlich zu einem ganz einfachen Schluss kommen. Frauen fragen: „Was denkst du?", Männer fragen: „Was guckst du?" Und danach wird es meist unschön.

Allerdings hat ein Angeklagter gegenüber einem herkömmlichen Mann bei dieser Frage einen entscheidenden Vorteil. Er hat das verbriefte Recht zu schweigen.

Der getürkte Tod

Für eine Tote macht die Angeklagte einen sehr lebendigen Eindruck. Maren H., 29 Jahre alt und hörbar ein waschechtes Hessenmädchen, sitzt wegen versuchten Betrugs auf der Anklagebank des Landgerichts. Ihr damaliger Freund hatte im Juli 2008 einen tödlichen Badeunfall fingiert, um eine halbe Million Euro von den Versicherungen zu ergaunern. Der Versuch war allerdings so idiotisch angelegt, dass sein Scheitern eigentlich unvermeidlich war.

Maren H. kommt aus – um es euphemistisch zu sagen – äußerst prekären und bildungsfernen Verhältnissen. Ende 2007 kam sie mit ihrem damaligen Freund nach Bockenheim und lebte dort mehr schlecht als recht von Gelegenheitsjobs und Sozialbetrug. Das wenige Geld wurde vom Freund verkokst, der zudem an chronischer Eifersucht litt, Maren H. öfters schlug und mit dem Messer traktierte, wovon er auch keinen Abstand nahm, wenn Maren H. mal wieder schwanger war. Drei Kinder hat sie von ihm, allesamt nicht geplant, aber vor das Verhüten hat der Herrgott nun mal das Denken gesetzt, was nicht jedermanns Sache ist.

Die Idee zum Versicherungsbetrug kommt dem Freund beim Fernsehgucken: Ein Privatsender berichtet über einen Mann, der herrlich und in Freuden lebt, weil er die Versicherung mit dem erfundenen Tod seiner Frau behumst hat. Das kann ich auch, denkt sich der Freund. Maren H. schließt im Januar 2008 zwei Lebensversicherungen ab: im Falle ihres Ablebens soll ihr Freund eine halbe Million Euro kassieren. Im Juli 2008 fliegt die ganze Familie in die Türkei. Maren H. allerdings als Einzige mit Einwegticket.

Groß ist der Schmerz, als der Freund Maren H. auf einer türkischen Polizeistation als vermisst meldet. An einem entlegenen Badestrand habe er nur noch ihre Kleider, Uhr und Badeschlappen gefunden. In Wahrheit hat er seine Freundin bei seiner Familie verklappt – wo seine Mutter und zahlreiche Cousins darauf aufpassen, dass sie keinen Unsinn baut. Denn Maren H. ist mittlerweile nicht mehr so begeistert von der Idee und will nach Hause. Aber die Familie, sagt sie, habe sie massiv unter Druck gesetzt und ihr die Ausweise abgenommen. „Diese Umgebung, dieses Land, diese Menschen" – alles habe ihr Angst gemacht. „Hier ist mein Land, hier gelten meine Gesetze", habe ihr Freund gesagt.

Nach etlichen Wochen flüchtet sie sich doch noch ins deutsche Konsulat. Es ist so eine Art Wiederauferstehung, über die sich auch die Versicherungen freuen könnten, wenn sie denn je vorgehabt hätten, den Betrag auszuzahlen. Was sie nicht hatten: Zum einen fehlte der Todesnachweis, zum anderen war zumindest eine Versicherung mangels Ratenzahlung längst gekündigt worden.

Am Ende wird das Verfahren gegen eine Zahlung von 2.500 Euro an den Deutschen Kinderschutzbund eingestellt. Das Gericht wertet Maren H.s Flucht ins Konsulat als eine Art Rücktritt vom Versuch, zudem liege die Tat lange zurück. Maren H. arbeitet mittlerweile zumindest an Wochenenden als Altenpflegerin, sie ist jetzt mit einem Mann verheiratet, der einer geregelten Arbeit nachgeht und sich nicht nur um ihre drei alten, sondern auch um das neue gemeinsame Kind kümmert. Ihr Ex-Freund ist derzeit unauffindbar.

Die Frage des Richters, was sie sich damals bei dem schwachsinnigen Betrugsversuch überhaupt gedacht habe, beantwortet sie erst nach mehrmaligem Nachfragen, dann aber mit entwaffnender Ehrlichkeit: „Ich war so doof, ich hab' alles mitgemacht."

Urteil mild wie Becher leer

Der 17. August 2013 wird Andre R. noch lange in unangenehmer Erinnerung bleiben. Er saß mit drei Kumpels im Waldstadion, Block 17, umgeben von Bayern-Fans. Andre und Freunde waren zumindest laut Staatsanwaltschaft „deutlich alkoholisiert und durch die Dynamik des Fußballspiels enthemmt". Die Bayern drum herum hingegen seien von dem „Gegröle und hämischen Kommentaren" der Eintracht-Fans nur wenig erbaut gewesen.

Jedenfalls schmeißt Andre gegen Ende des Spiels (0:1) erst einen leeren, dann einen vollen Kunststoffbecher Bier in Richtung Block 20, wo noch mehr Bayern-Fans sitzen. Ob er trifft, ist bis heute unklar, jedenfalls verpetzen ihn seine Sitznachbarn bei den Ordnern, und das Amtsgericht Frankfurt verurteilt Andre im Dezember 2013 wegen versuchter einfacher (leerer Becher) und gefährlicher Körperverletzung (voller Becher) zu einer Geldstrafe von 75 Tagessätzen à 70 Euro. Macht zusammen 5.250 Euro.

Andre ist das zu teuer – deshalb hat er Berufung eingelegt, deshalb muss sich nun das Landgericht mit dem Bier und den Bayern befassen. „Ich finde die Strafe auch ein bisschen hoch", lässt die Richterin bereits am Anfang durchblicken, und der Staatsanwältin geht es ähnlich. Andre, 33 Jahre alt und Produktmanager, ist kein typischer Problemfan. Stolz ist er nicht auf seine Becherwürfe: „Ich gehe ja selbst oft mit den Kindern meiner Schwester ins Stadion." Aber mehr als 5.000 Euro sei halt außerhalb Münchens eine Menge Geld.

Es habe sich damals um Plastikbecher ohne Henkel gehandelt, sagt Andres Anwalt. Bei denen sei die Verletzungsgefahr deutlich geringer. Zum Beweis hat der Anwalt einen henkellosen Plastikbecher aus dem Stadion mitgebracht. Und einen mit Henkel. Und Pirmin Schwegler drauf. Die Richterin hat sich auch einen Henkelbecher aus dem Stadion schicken lassen. Auch auf dem ist Schwegler drauf. Sämtliche Parteien gucken auf die Schwegler-Becher, und ein Hauch Melancholie weht durch den Gerichtssaal.

Dann sagt der Anwalt mit Grabesstimme: „Damals wurde Eintracht Frankfurt kurz vor Schluss ein berechtigter Elfmeter verweigert." Alle nicken zustimmend. Der damalige Schiedsrichter Peter G. hat Glück, dass er nicht wegen gewerbsmäßiger Falschpfeiferei auf der Anklagebank sitzt. Der würde nicht so leicht davonkommen.

So aber sind sich alle einig: Das Verfahren gegen Andre R. wird gegen die Zahlung von 2.200 Euro an den Deutschen Kinderhospizverein eingestellt. Wobei die Staatsanwältin noch einmal klipp und klar sagt, dass sie Gewalt im Fußballstadion nicht als Kavaliersdelikt erachte und leidenschaftlich verfolge. Doch der henkellose Plastikbecher sei selbst gefüllt nur von bescheidenem Verletzungspotenzial. Anders als der mit Henkel. Der könne ins Auge gehen. Er werde sich künftig am Riemen reißen, verspricht Andre R. Selbst bei den Bayern.

Daniel der Held

Es war an einem unlauschigen Januarabend, als Daniel R. die große Chance vergeigte, ein Held zu sein. Der 17-Jährige war mit der damals von ihm angehimmelten Beata B., 16, auf einem dunklen Pfad entlang der Nidda unterwegs, als plötzlich zwei Räuberinnen aus dem Busch brachen – und Beata B. ans Handy wollten.

Hätte damals Daniel R. gesagt: „Tante Mellie, Cousine Nicole: Lasst den Quatsch, geht nach Hause und sauft weiter. Unser Plan ist Blödsinn. Ich geh' mit der Beata lieber ins Kino" – er wäre so eine Art Held gewesen, hätte vielleicht noch ein wenig Spaß mit Beata gehabt und stünde nun nicht mit seiner buckligen Verwandtschaft wegen versuchten schweren Raubes und Körperverletzung vor dem Landgericht.

Dabei war es so ein schöner Plan gewesen. Daniel R., Tante Mellie, Cousine Nicole und Justina B., die Zwillingsschwester des späteren Opfers, saßen an jenem Januarnachmittag beisammen, soffen, kifften und überlegten, wie man Daniel R. und Beata. B. am besten miteinander verkuppeln könne. Daniel R. war früher mal mit Justina zusammen gewesen, jetzt machte er ihrer Zwillingsschwester den Hof, bislang ohne durchschlagenden Erfolg. Ein Raubüberfall, bei dem sich Daniel „als Held" präsentieren könne, sei doch eine prima Idee, beschlossen sie. Daniel solle Beata in die dunkle Gasse locken, Tante und Cousine würden der ihnen bis dato Unbekannten das Handy klauen, Daniel würde sie heldenhaft in die Flucht schlagen – nachdem sie das Handy gerippt hatten, das Justina erhalten sollte, die ihre Zwillingsschwester nebenbei bemerkt nicht leiden kann. Daniel und Beata verabreden sich, und fröhlich schreitet man zur Tat.

So brillant der Plan, so desaströs die Ausführung. Tante und Cousine, mit Schlagstock und Deospray bewaffnet, scheuen den Waffeneinsatz nicht. Der Teleskopschläger trifft Beatas Beine, die Achselfrische ihre Augen. Dennoch wehrt sich die junge Frau heldenhaft, verteidigt ihr Handy, reißt sich los, ruft die Polizei – und kehrt dann tapfer zurück an den Tatort, um Daniel zu retten, der noch immer lethargisch bei den zwei vermeintlichen Räuberinnen abhängt. „Ich habe sogar ein bisschen Kraftausdrücke gebraucht, damit er sich endlich wehrt", erinnert sie sich vor Gericht. Aber ihr Möchtegernfreund, der sich sonst immer als Macho geriert habe, habe bloß Maulaffen feilgehalten.

Für Daniels so nicht geplanten Memmen-Auftritt haben seine Komplizinnen heute unterschiedliche Erklärungen. „Der Daniel hatte vor der Nicole und mir ein bisschen Angst gehabt", vermutet die Tante. Die Cousine glaubt eher an eine raffinierte Scharade Daniels. Hätte er „den Helden gespielt", dann „wäre es ja aufgefallen", dass irgendwas nicht mit rechten Dingen zugeht. Zudem sei Daniel so feige nun auch wieder nicht gewesen: „Er ist nicht weggelaufen." Am Ende des Überfalls, Beata war da schon auf und davon, habe er ihnen als Betthupferl sogar noch sein eigenes Handy zugesteckt. Aber später natürlich wieder zurückbekommen.

Der Plan ging jedenfalls in die Hose, Räuber und Überfallene trennten sich unverrichteter Dinge. Justina bekam kein neues

Handy. Und Beata keinen neuen Freund. Ein paar Tage später rief sie „aus so ner Idee" heraus die Nummer von Daniels Handy an, das sie in den Händen der Räuberinnen wähnte. Als Daniel sich persönlich meldete, habe sich in ihr ein Anfangsverdacht geregt. Der dann auch schnell zum Beziehungsende führte.

Gericht, Staatsanwaltschaft und Verteidigung schließen zu Prozessbeginn einen Handel: Im Falle eines Geständnisses kommen alle mit Bewährungsstrafen davon. Und so geschieht es auch: Tante Mellie wird zu einem Jahr und zehn Monaten auf Bewährung verurteilt, Cousine Nicole kassiert zwei Monate weniger. Daniel muss 60 Stunden gemeinnützige Arbeit leisten und zur Drogenberatung

Daniel R., der optisch, aber auch nur optisch ein wenig an den cleveren Cartoon-Reporter Tim erinnert, tut es furchtbar leid. Eine echte Erklärung für sein Verhalten hat er nicht. Nur so 'ne Art: „Mit Familie und Freunden ist nicht einfach, was so abgeht."

Falsche Pfade zum rechten Weg

Vor der Tür des Amtsgerichtssaals sitzt Yvonne und weint. Dazu hat sie Grund, denn die Geschichte, die dort gleich erzählt wird, ist ihre, und es ist eine traurige Geschichte. Sie handelt, sagt die Staatsanwaltschaft, von falschen Anschuldigungen und Freiheitsberaubung von mehr als einer Woche. Mit anderen Worten: Es geht um Liebe.

Am 5. Januar 2014 legte Yvonne falsch Zeugnis wider ihren Liebsten Mohammed ab. Ihr Verlobter, sagte sie der Polizei, habe ihr die Handtasche mit Börse gewaltsam entrissen. Sie sagte nicht die Wahrheit, nämlich dass Mohammed ihr die Tasche ohne Gegenwehr gestohlen hatte. Raub wiegt schwerer als Diebstahl, und Mohammed wanderte wegen Verdachts auf Raub in U-Haft. Nicht nur wegen Raub, sondern auch wegen Diebstahl, Beleidigung, Körperverletzung und Widerstand gegen Vollstreckungsbeamte. Aber eben auch wegen Raub.

Sie habe ihren damaligen Lebensgefährten durch den Schrecken der U-Haft „auf den rechten Weg zurückbringen wollen", vermutet die Staatsanwältin. Recht habe sie, bestätigt Yvonne. Mohammed habe vor der Tat kritikwürdiges Verhalten gezeigt: Er habe nicht gearbeitet, sie tyrannisiert und angebettelt. Habe die Miete nicht bezahlt, so dass erst der Strom abgestellt wurde und sie dann aus der gemeinsamen Wohnung flogen. Habe nur noch krumme Dinger gedreht. Die zunehmende Distanz, die sie daraufhin von ihm suchte, habe er nicht gelten lassen. „Ich wusste nicht, was ich noch machen sollte. Die Polizei war ein paarmal da, weil er die Wohnungstür eingetreten hatte. Aber die können nichts machen, wenn jemand nur die Wohnungstür eintritt."

Die Beziehung, erinnert sich Yvonne vor Gericht, sei von Beginn an problematisch gewesen. Aber sie habe damals „eine schwierige Zeit" gehabt, er habe ihr Halt gegeben, bis er selbst ihn verloren habe. „Er hat immer wieder gesagt, dass es besser werden würde."

Aber es wird nicht besser. Es wird immer schlimmer. Er stalkt sie, bettelt sie an, bedroht sie im Zorn, gibt sich dann wieder als suizidgefährdet aus. „Er wollte nie seinen Sohn sehen. Er wollte immer nur Geld und Zigaretten", sagt Yvonne. Er klingelt nachts. Er klingelt Sturm. Oft genug ruft sie die Polizei. Oft genug zieht die wieder ab. „Wir haben uns gedacht, da muss schon irgendetwas zwischen den beiden sein, dass sie trotz allem immer wieder zu ihm zurückkehrt", erinnert sich ein Polizist im Zeugenstand.

Die Falschanzeige habe sie als letzten Rettungsanker benutzen wollen. Und das schon bald bereut: In der Hauptverhandlung gegen Mohammed hatte sie ihre Aussage widerrufen. Aber was hätte sie denn auch machen sollen? „Sie hätten doch auch ins Frauenhaus gehen können", meint die Staatsanwältin.

Die Beziehung zu Mohammed hat sich mittlerweile erledigt. Yvonne besucht ihn immer noch, erst im Gefängnis – er war zu neun Monaten Haft verurteilt worden –, jetzt in der Drogentherapie. „Ein Vater hat ein Recht, sein Kind zu sehen", sagt die 37 Jahre alte Lehramtsstudentin, die noch zwei weitere Kinder aus einer vorherigen Beziehung allein erzieht.

Das Amtsgericht verurteilt sie zu einer Geldstrafe von 100 Tagessätzen à acht Euro. Die Strafe ist mild, weil es nach Meinung des Gerichts in Sachen Freiheitsberaubung beim Versuch geblieben war: Mohammed wäre angesichts seines Kerbholzes gewiss auch ohne Yvonnes Mithilfe eingefahren.

„Es wäre besser, wenn Ihre weitere Beziehung zu Mohammed sich auf die als Kindsvater beschränkte", meint die Richterin ebenso abschließend wie salomonisch.

Hurensohn raus, Troglodyte rein!

In dem James-Bond-Film „Der Mann mit dem goldenen Colt" gibt es eine Szene, in der Bond beim Dinner seinen Gegenspieler Scaramanga insultieren möchte, ohne dabei die Etikette zu verletzen. „Es gibt da einen Kraftausdruck, der trifft voll auf Sie zu", sagt Bond und überlässt damit den Grad der Beleidigung der Fantasie Scaramangas und des Zuschauers. Vorbildlich!

Es ist Zeit, Alarm zu schlagen: Die deutsche Sprache, an Kraftausdrücken so reich wie wenig andere, droht zu verarmen. Nirgendwo wird das so deutlich wie in den Gerichtssälen. Längst hat der „Hurensohn" als Universalbeleidigung seine Stumpfsinnsherrschaft übernommen. Er kann verheerend wüten. Um seine eigene Spontansteinigung zu organisieren, muss man gar nicht mehr „Jehova!" brüllen. Ein lauthalser „Hurensohn" abends in der Fußgängerzone tuts genauso.

Warum dem so ist, wissen die Götter. Ein Erklärungsversuch: „Hurensohn" impliziert, dass die Mutter des Angesprochenen dem vielleicht ältesten Gewerbe der Welt und damit einer geregelten Arbeit nachgeht. Dies ist aber oft gar nicht der Fall, und durch die Erinnerung an diese unerfreuliche Tatsache wird der Adressat stigmatisiert, traumatisiert und antwortet mit Dresche.

Die Gründe sind aber auch egal. Fakt ist: den einen Teil der Menschheit beleidigt, den anderen langweilt dieses Wort mittlerweile auf das Tödlichste. Bei letzterem handelt es sich vermutlich um den Teil, der mit „Tim & Struppi"-Comics aufgewachsen ist, in denen ein stets ebenso eloquenter wie volltrunkener Käptn Haddock seinen Widersachern so elaborierte Kraftausdrücke wie „Ikonoklast", „Brontosaurier" oder „Troglodyt" entgegenfeuerte. Da konnten Kinder und Beschimpfte noch was lernen. Etwa, dass es sich beim Troglodyten um einen Höhlenbewohner handelt, also um jemanden, welcher der Hauptbeschäftigung der Menschheit vor Erfindung der Hurerei nachgeht. Heute kennt ihn keine Sau mehr, oder, wie Schiller es einst schöner formulierte: „Scheu in des Gebirges Klüften barg der Troglodyte sich ..."

Man muss aber gar nicht Ausnahmekeifer wie Haddock als Beweis bemühen, dass die deutsche Schimpferei unfrisch vor sich hinsiecht. Wohin sind sie entschwunden, die Gecken, Parvenüs, Schmocks und Stutzer? Wer nennt sie noch beim Namen, die Lasterbälger, Taugenichtse, Galgenschwengel, Schnapphähne und Hundsfötter? Wer hat noch Angst vorm Malefizkerl, Haderlump, Tagedieb? Niemand.

Kein Zweifel: Das Abendland, in Sachen Beleidigungskultur seit Götz von Berlichingen selig eine Weltmacht, steht hinsichtlich seines Verbalinjurienschatzes mit dem Arsch zur Wand. Hier könnten die Gerichte, die dadurch ja mit am Schlimmsten betroffen sind, durchaus gegensteuern. Sie könnten etwa einen jugendlichen Missetäter dazu verdonnern, mit ehrlich erarbeitetem Geld das Buch „Hunderttausend Höllenhunde: Haddocks Einmaleins des Fluchens" (Carlsen, 12,90 Euro) zu kaufen und bis zum nächsten Gerichtstermin auswendig zu lernen. Vielleicht wäre auch der Pflichtbesuch eines Kraftausdruckstanzseminars eine gute Idee. Doch solcherlei sieht der Gesetzgeber, die vermaledeite Steißgeburt, leider nicht vor.

Es wäre schon ein Fortschritt und zudem ein Gebot des kultivierten Miteinanders, vor der nächsten Kioskschlägerei einfach mal das gute alte Bond-Zitat vom Anfang zu bemühen. Das Gegenüber kann dann ja selbst entscheiden, ob es sich eher als einen Troglodyten oder Hurensohn betrachtet. Zugegeben: Am Resultat dürfte das wenig ändern. Ist einfach eine Stilfrage.

Herr Specht singt

Es ist 9 Uhr morgens, die Frisur sitzt, das Haar ist spack nach oben gegelt. Severino Seeger betritt den Saal I des Frankfurter Landgerichts, wo er sich wegen schweren Trickbetrugs verantworten muss. Die Kameras der Fotografen rattern wie die Nähmaschinen, sonst bleibt es ruhig im Saal, obwohl ein paar Seegers-Fans aus der Backfischabteilung dort mit Soli-Shirts sitzen. Severino Seeger trägt heute schwarzen Anzug und Arme-Sünder-Miene. Er wird heute das tun, was er vermutlich am besten kann. Er wird singen.

Der 28 Jahre alte Wächtersbacher ist gebenedeit mit einer Stimme, die vor allem ältere Semester dahinschmelzen lassen. Jedenfalls hat die bei den Pop & Schlager-Methusalems Dieter Bohlen und Heino bestens funktioniert, die als Juroren der Erz-Castingshow „Deutschland sucht den Superstar" noch vor wenigen Wochen nach jedem Auftritt des in Frankfurt geborenen Nachwuchskünstlers völlig euphorisiert wirres Zeug redeten. Seeger gewann die jüngste Staffel, und seitdem könnte er mit „Superstar" antworten, wenn ihn der Richter nach seinem Beruf fragte, was der aber nicht tut.

Bohlen und Heino waren aber nicht die einzigen Senioren, die an Seegers Honigstimme kleben blieben. Die Staatsanwaltschaft wirft ihm vor, vor seiner Sängerkarriere mit einer Trickbetrügermasche mehrere alte Damen sowie einen Herrn um ihr Erspartes gebracht zu haben. Als Teil einer Bande, deren Masche die Justiz zwar wortgewaltig gewerbsmäßigen schweren Betrug und Computerbetrug nennt, die aber in ihrer Ausrichtung eher an den Enkeltrick erinnert: Alte Menschen werden vom „Keiler" angerufen, der sich als Bankmitarbeiter ausgibt und den alten Leuten vorlügt, ein Computervirus habe die Bank und insbesondere das Konto der Angerufenen befallen. Um irrige Auslandsüberweisungen zu verhindern, benötige man dringend EC-Karte, Pin-Nummer sowie alle unlängst abgehobenen Bargeldbeträge, um diese auf Echtheit zu überprüfen. Karte und Geld werden dann vom „Abholer" frei Haus abgeholt, während der Dritte in der Bande, der „Logistiker", ständig mit „Keiler" und „Abholer" kommuniziert und beide auf dem Laufenden hält. Severino Seeger war nach eigenen Angaben Abholer. Oft unter dem Künstlernamen „Herr Specht".

Es muss sich gelohnt haben. Mehr als 100.000 Euro sollen Seeger und seine Komplizen den alten Leuten so abgeknöpft haben. Severino Seeger schätzt den von ihm persönlich angerichteten Schaden auf 25.000 Euro, etwa 8.000 Euro habe er dabei verdient. Im Gegensatz zu den Falschmeldungen einiger Medien, sagt Seeger, habe er die Kohle auch nicht in eine Schönheitsoperation für seine aktuelle Ehefrau investiert, sondern hätte sie eigentlich als Zukunftsvorsorge für seine Tochter aus erster Ehe gedacht gehabt, wenn er sie nicht vertankt und „für normale Lebenshaltung" verjuckt hätte.

Das tut ihm jetzt natürlich leid. „Wenn ich mal ehrlich bin ..." – so beginnt Seeger etwa jeden dritten Satz, und wenn man ehrlich ist, dann folgen danach so seltsam mäandernde Satzgetüme wie „... ich hab' mich selbst zu spät beim Nein-Sagen erwischt". So richtig erwischt wurde Seeger im Sommer 2013, weil ein Bankangestellter sich über den im Hochsommer mit Schal und Jacke vermummten Seeger wunderte, der dort am

Automat Geld abhob. Das Kennzeichen seines Autos und die zahllosen Fotos auf dem Facebook-Profil des damals noch Gelegenheitssängers besorgten den Rest der Ermittlungsarbeit.

Bei der Polizei tat Severino Seeger wieder mal sein Bestes: er sang. Und lieferte seine Komplizen, einen Cousin und einen Kumpel, ohne viel Federlesens ans Messer. Nicht in der Hoffnung auf Strafmilderung, beteuert er vor Gericht, sondern, wenn er mal ehrlich sei, aus schlechtem Gewissen und tätiger Reue. Was nicht ohne ist – in dem Milieu, aus dem Seeger stammt, gilt das Verpfeifen von Komplizen als zutiefst verabscheuungswürdige Tat. „Was wir gemacht haben, war aber auch nicht in Ordnung", rechtfertigt Seeger vor Gericht den Verstoß gegen die Ganovenehre. Seinen ehemaligen Komplizen ist bereits der Prozess gemacht worden – sie wurden zu Haft- beziehungsweise Bewährungsstrafen verurteilt.

Vor Gericht gibt Seeger seinem „Cousin, den ich mir leider nicht aussuchen konnte", die Hauptschuld an dem ganzen Elend. Der habe ihn „manipuliert" und habe leichtes Spiel gehabt, da er selbst sich damals in einem „sehr schlechten Zustand – auch mental" befunden habe. Sein Cousin habe ihm damals erklärt, er solle „zu Leuten fahren, die er vorher anruft", was er denn ja auch irgendwie getan habe.

Reueverstärkend mag bei Seeger hinzukommen, dass für ihn einiges auf dem Spiel steht. Eine halbe Million Euro hat Seeger für den Finalsieg kassiert. Die will er zwar laut einem Bericht der Bild-Zeitung zu großen Teilen für Delphin-Therapien mit behinderten Kindern spenden. Aber dann ist da ja noch das tägliche Geschäft: Als DSDS-Sieger muss Seeger, solange man ihn noch kennt, also in den nächsten Tagen, etliche Platten auf den Markt werfen. Und Auftritte absolvieren. Erst am Wochenende hatte Severino Seeger einen eher mauen, aber wahrscheinlich bezahlten Auftritt am Ballermann hingelegt. Seine ehemaligen Mentoren werden langsam skeptisch: Bohlen ist nach eigenen Angaben entsetzt, Heino irgendwie auch, obwohl der immerhin sagt, er habe selbst in seiner Jugend jede Menge Mist gebaut. Tournee und Autogrammstunden und Schaum-Partys stehen an – alles Sachen, an denen ein inhaftierter Superstar leider nicht teilnehmen kann.

Dennoch: Im Vergleich zu seinen ehemaligen Komplizen steht Severino Seeger als reicher Mann da. Was ihm dann wohl auch das Gefängnis erspart. Er bietet an, den kompletten Schaden – also mehr als 100.000 Euro – aus eigener Tasche zu bezahlen. Das Landgericht verurteilt den Sänger zu einer Freiheitsstrafe von zwei Jahren, die zur Bewährung ausgesetzt wird. Weil er ja immerhin für den entstandenen Schaden haftet. So erweist sich die einstige Missetat im Nachgang für die Opfer als wahrer Geldsegen – denn einige der greisen Damen wurden bereits in den vergangenen Tagen in einer wohl bespiellosen Kampagne der Bild-Zeitung werbewirksam von der Zeitung selbst entschädigt.

Und so könnte sich für Seeger doch noch alles zum Guten wenden, auch wenn die jüngsten Charts-Platzierungen das nicht unbedingt vermuten lassen. Für die einen mag es wie eine Drohung klingen, für die anderen wie eine Verheißung: „Das wird kein Ende haben mit mir und der Musik", verspricht Seeger. Für die zum Prozess angereisten Backfisch-Fans wohl eher Verheißung, sie halten zu ihrem Superstar. „Was geben dem die

Omas auch ihre EC-Karte?", gegenfragt eine auf die Frage einer Reporterin, was sie denn nun von Severino halte. Ein anderer Fan verweist darauf, dass man schließlich in einer Welt lebe, in der selbst Sexualstraftäter frei herumliefen, warum also kein Superstar? „Jeder hat eine zweite Chance verdient", meint eine andere.

Der Weg zurück in die Kriminalität scheint für Severino Seeger ohnehin verbaut. Seine von ihm verpfiffenen Ex-Kumpels würdigen ihn keines Blickes mehr. Dabei war das Tischtuch bereits zuvor angeschnitten: Seeger war in der Bande gar kurzzeitig auf Eis gelegt worden, weil seine Komplizen glaubten, er sacke erhebliche Teile des ergaunerten Geldes absprachewidrig in die eigene Tasche ein. „Wenn man schlecht ist, denkt man schlecht", urteilt Seeger über die Gedanken seiner ehemaligen Freunde und Cousins.

Das ist so eine der Sachen, die man über schlechte Menschen sagt. Eine andere ist, dass sie keine Lieder hätten.